chikoro - l'école   2
rwendo - le voyage   5
zvifambiso - le transport   8
guta - la ville   10
mamiriro akaita nzvimbo - le paysage   14
resitorendi - le restaurant   17
supamaketi - le supermarché   20
zvekunwa - les boissons   22
zvekudya - l'alimentation   23
purazi - la ferme   27
imba - la maison   31
imba yekutandarira - le salon   33
kicheni - la cuisine   35
mekugezera - la salle de bain   38
imba yemwana - la chambre d'enfant   42
zvipfeko - les vêtements   44
hofisi - le bureau   49
mamiriro eupfumi - l'économie   51
mabasa - les professions   53
maturusi - les outils   56
zviridzwa - les instruments de musique   57
munochengeterwa mhuka - le zoo   59
mitambo - les sports   62
mabasa - les activités   63
mhuri - la famille   67
muviri - le corps   68
chipatara - l'hôpital   72
zvekukurumidza - l'urgence   76
Nyika - la terre   77
wachi - ...heure(s)   79
vhiki - la semaine   80
gore - l'année   81
mashepu - les formes   83
mavara - les couleurs   84
misiyano - les oppositions   85
manhamba - les nombres   88
mitauro - les langues   90
ani / chii / sei - qui / quoi / comment   91
papi - où   92

Impressum
Verlag: BABADADA GmbH, Nedderfeld 112 , 22529 Hamburg
Geschäftsführer / Verlagsleitung: Harald Hof
Druck: Books on Demand GmbH, In de Tarpen 42, 22848 Norderstedt

Imprint
Publisher: BABADADA GmbH, Nedderfeld 112 , 22529 Hamburg, Germany
Managing Director / Publishing direction: Harald Hof
Print: Books on Demand GmbH, In de Tarpen 42, 22848 Norderstedt

chikoro
l'école

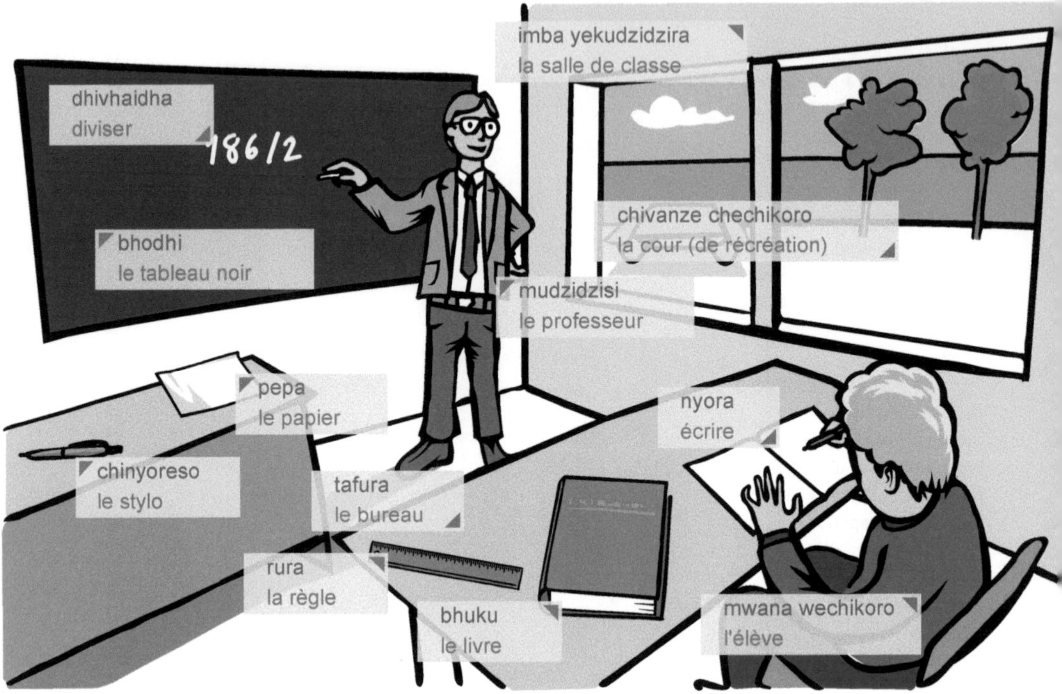

imba yekudzidzira
la salle de classe
dhivhaidha
diviser
186/2
bhodhi
le tableau noir
chivanze chechikoro
la cour (de récréation)
mudzidzisi
le professeur
pepa
le papier
nyora
écrire
chinyoreso
le stylo
tafura
le bureau
rura
la règle
bhuku
le livre
mwana wechikoro
l'élève

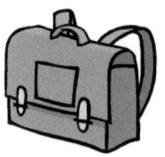

bhegi

le cartable

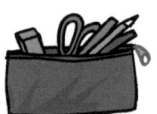

chekuchengetera mapenzura

la trousse

penzura

le crayon

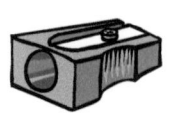

chekurodzesa mapenzura

le taille-crayon

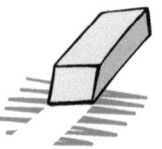

rabha

la gomme

bhuku rekudhirowera mifananidzo

le carnet à dessin

mufananidzo
wakadhirowewa
le dessin

bhurasho rekupendesa
le pinceau

bhokisi rependi
la boîte de peinture

chigero
les ciseaux

guruu
la colle

bhuku rekunyorera
le cahier d'exercices

basa rinoitirwa kumba
les devoirs

nhamba
le chiffre

sanganisa
additionner

bvisa
soustraire

wanziridza
multiplier

kakureta
calculer

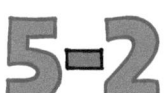

bhii
la lettre

arufabheti
l'alphabet

shoko
le mot

mashoko

le texte

kuverenga

lire

choko

la craie

chidzidzo

la leçon

bhuku remazita

le livre de classe

bvunzo

l'examen

setifiketi

le certificat

yunifomu yekuchikoro

l'uniforme scolaire

dzidzo

la formation

encyclopedia

le lexique

yunivhesiti

l'université

maikorosikopu

le microscope

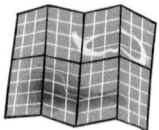

mepu

la carte

bhini remapepa

la corbeille à papier

chikoro - l'école

rwendo
le voyage

hotera
l'hôtel
Grand
mahostera
l'auberge
ROOMS
panochinjwa mari
le bureau de change
CHANGE
sutukesi
la valise
mota
la voiture

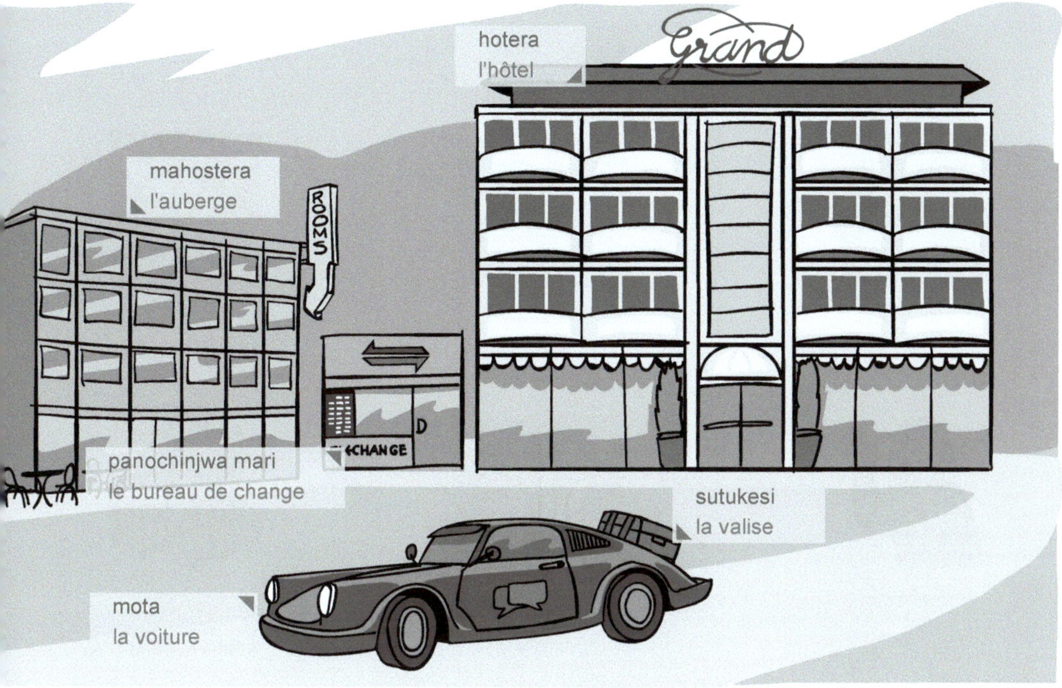

mutauro
la langue

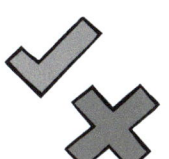

hongu / kwete
oui / non

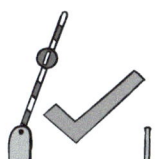

Zvakanaka
d'accord

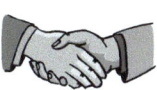

hesi
Salut

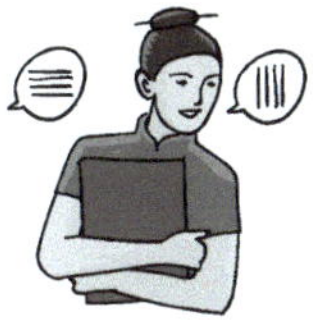

mushanduri
l'interprète

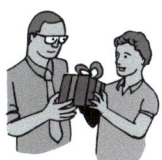

Mazvita
merci

Imarii... ?

Combien coûte...?

Handisi kunzwisisa

Je ne comprends pas

dambudziko

le problème

Manheru!

Bonsoir !

Mangwanani!

Bonjour !

Murare zvakanaka

Bonne nuit !

toonana

Au revoir

mafambiro

la direction

katundu

les bagages

bhegi

le sac

bhegi rekumusana

le sac-à-dos

muenzi

l'hôte

imba

la pièce

bhegi rekurarira

le sac de couchage

tendi

la tente

mashoko evafambi
l'office de tourisme

mahombekombe
la plage

kadhi rekubhengi
la carte de crédit

kudya kwemangwanani
le petit-déjeuner

kudya kwemasikati
le déjeuner

kudya kwemanheru
le dîner

tiketi
le billet

chikwidzo
l'ascenseur

chitambi
le timbre

muganhu
la frontière

vanoona nezvekupinda
munyika
la douane

vamiririri venyika
l'ambassade

vhiza
le visa

pasipoti
le passeport

zvifambiso
le transport

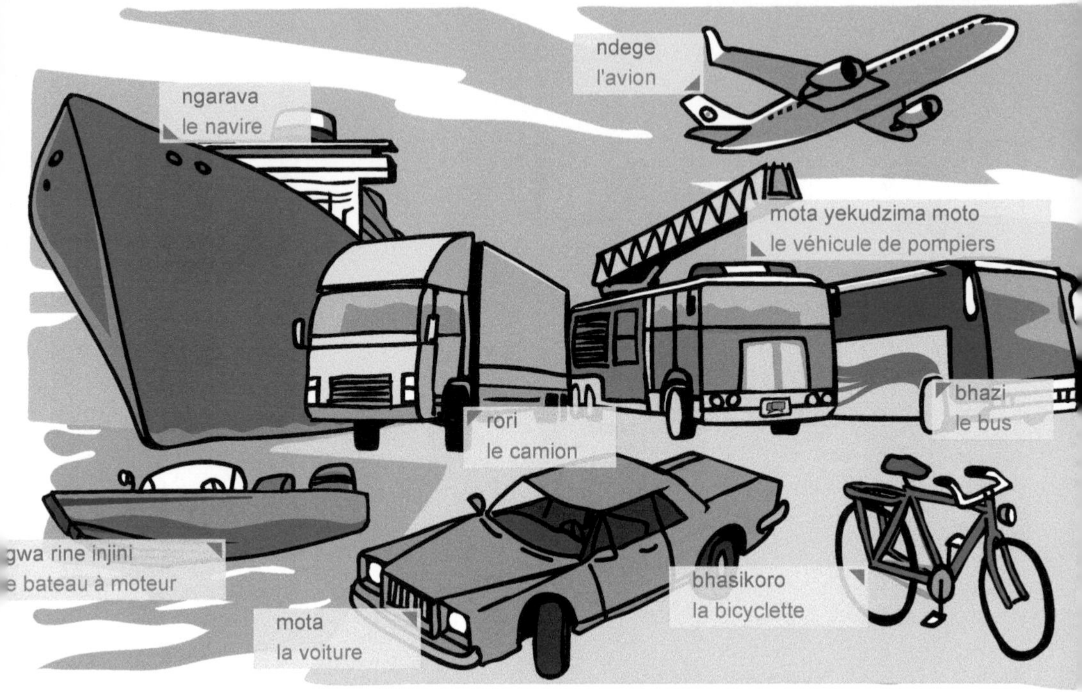
ndege
l'avion
ngarava
le navire
mota yekudzima moto
le véhicule de pompiers
bhazi
le bus
rori
le camion
gwa rine injini
e bateau à moteur
bhasikoro
la bicyclette
mota
la voiture

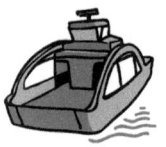

igwa
le ferry

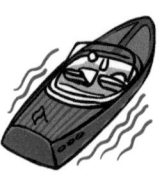

igwa
la barque

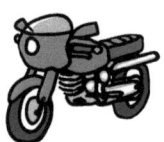

mudhudhudhu
la moto

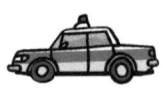

mota yemapurisa
la voiture de police

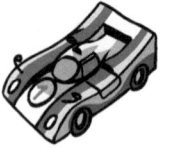

mota yemujaho
la voiture de course

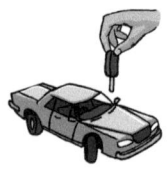

mota yekuhaya
la voiture de location

kuhaya mota

l'auto-partage

mota inodhonza dzinenge dzafa

la voiture de remorquage

mota yemabhini

la benne à ordures

injini

le moteur

mafuta

l'essence

garaji remafuta

la station d'essence

chikwangwani chemumugwagwa

le panneau indicateur

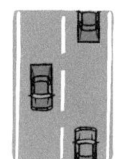

mota

le trafic

mota dzakawandisa

l'embouteillage

panopakwa mota

le parking

chiteshi chezvitima

la gare

njanji

les rails

chitima

le train

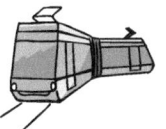

tram

le tramway

chitima

le wagon

chikopokopo

l'hélicoptère

nhandare yendege

l'aéroport

nharire

la tour

mufambi

le passager

chikondena

le conteneur

kadhibhodhi bhokisi

le carton

ngoro

le chariot

bhasiketi

la corbeille

simuka / mhara

décoller / atterrir

guta

la ville

musha

le village

pakati peguta

le centre-ville

imba

la maison

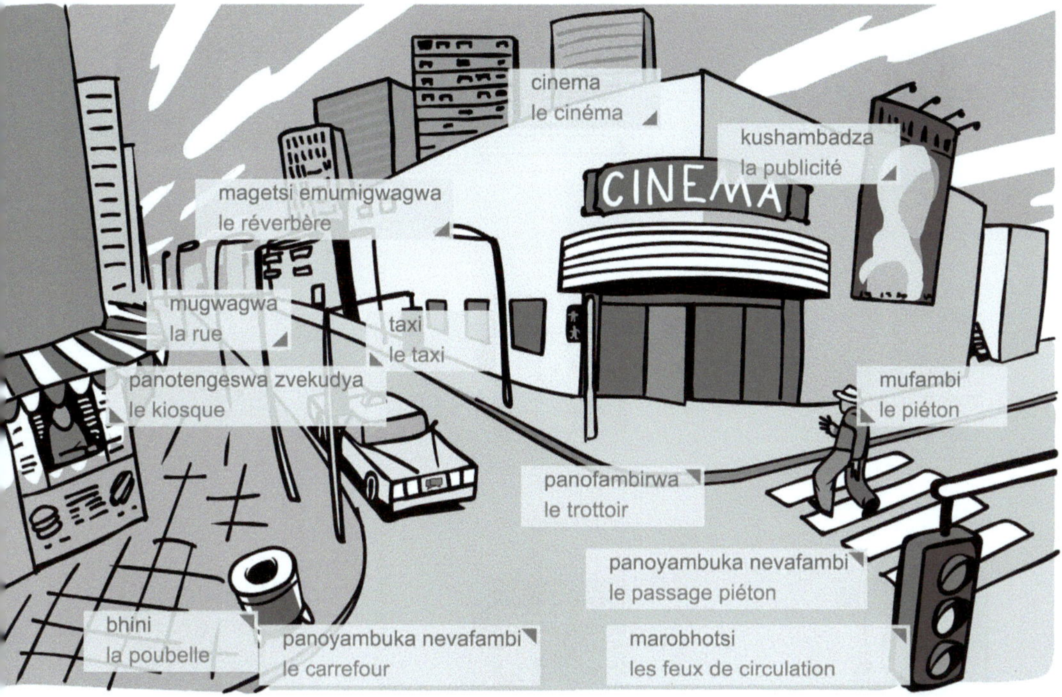

cinema
le cinéma
CINEMA
kushambadza
la publicité
magetsi emumigwagwa
le réverbère
mugwagwa
la rue
taxi
le taxi
panotengeswa zvekudya
le kiosque
mufambi
le piéton
panofambirwa
le trottoir
panoyambuka nevafambi
le passage piéton
bhini
la poubelle
panoyambuka nevafambi
le carrefour
marobhotsi
les feux de circulation

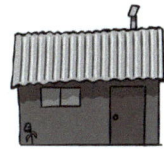

imba

la cabane

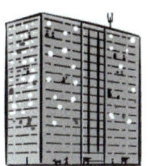

mafurati

l'appartement

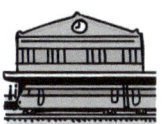

chiteshi chezvitima

la gare

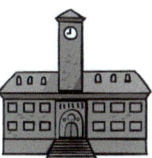

imba yeguta

la mairie

MUSEUM

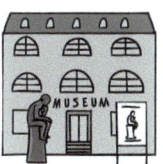

muziyamu

le musée

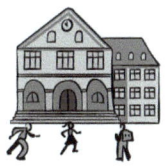

chikoro

l'école

yunivhesiti

l'université

bhengi

la banque

chipatara

l'hôpital

hotera

l'hôtel

panotengeswa mishonga

la pharmacie

hofisi

le bureau

chitoro chemabhuku

la librairie

chitoro

le magasin

panotengeswa maruva

le fleuriste

supamaketi

le supermarché

musika

le marché

chitoro chine
madhipatimendi

le grand magasin

panotengeswa hove

la poissonnerie

nzimbo ine zvitoro

le centre commercial

chiteshi chengarava

le port

paki

le parc

bhenji

la banque

bhiriji

le pont

masitepisi

les escaliers

nzira inoenda nepasi

le métro

mugwagwa wepasi

le tunnel

panokwirirwa mabhazi

l'arrêt de bus

bhawa

le bar

resitorendi

le restaurant

bhokisi retsamba

la boîte à lettres

chikwangwani
chemugwagwa
le panneau indicateur

mita yekupaka

le parcmètre

munochengeterwa mhuka

le zoo

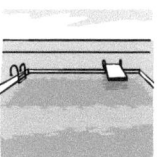

kunotuhwinirwa

le réverbère

mosque

la mosquée

purazi

la ferme

kusvibisa

la pollution

kumakuva

la cimetière

chechi

l'église

pekutambira

l'aire de jeux

temberi

le temple

mamiriro akaita nzvimbo

le paysage

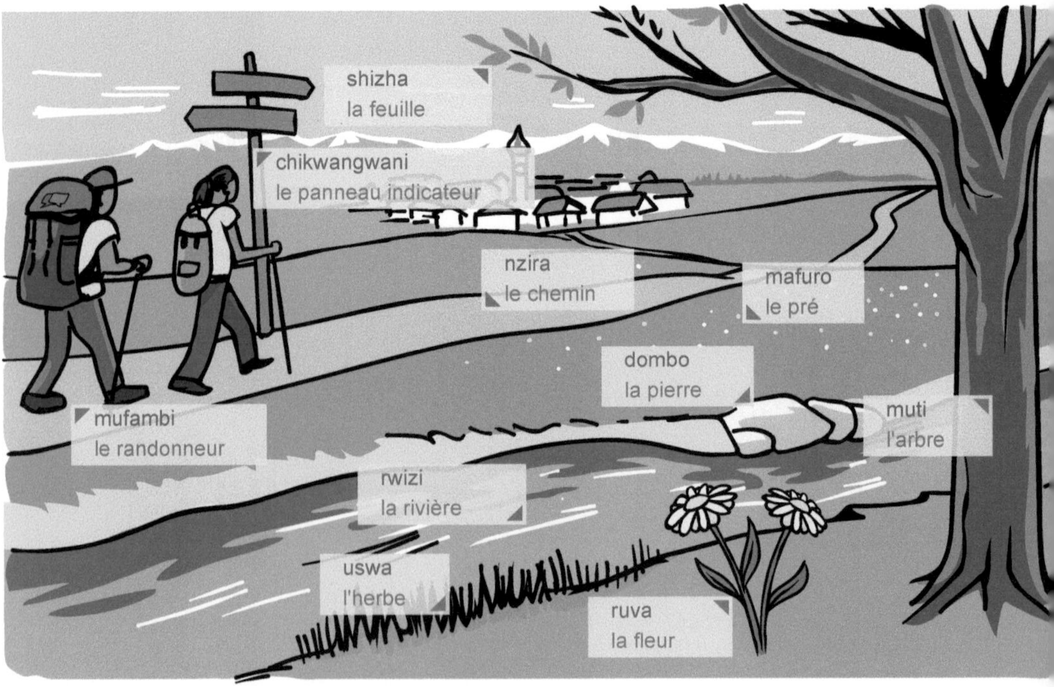

shizha
la feuille

chikwangwani
le panneau indicateur

nzira
le chemin

mafuro
le pré

dombo
la pierre

muti
l'arbre

mufambi
le randonneur

rwizi
la rivière

uswa
l'herbe

ruva
la fleur

mupata

la vallée

gomo

la montagne

dhamu

le lac

sango

la forêt

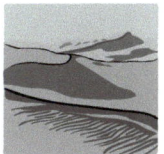

gwenga

le désert

chikwatamabwe

le volcan

zimba

le château

muraraungu

l'arc-en-ciel

hohwa

le champignon

muchindwe

le palmier

umhutu

le moustique

nhunzi

la mouche

svosve

les fourmis

nyuchi

l'abeille

buve

l'araignée

chipembenene

le coléoptère

datya

la grenouille

tsindi

l'écureuil

nungu

le hérisson

tsuro

le lièvre

zizi

la chouette

shiri

l'oiseau

swan

le cygne

nguruve yemusango

le sanglier

nondo

le cerf

moose

l'élan

dhamu

le barrage

injini yemhepo

l'éolienne

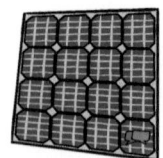

panero rezuva

le panneau solaire

mamiriro ekunze

le climat

resitorendi
le restaurant

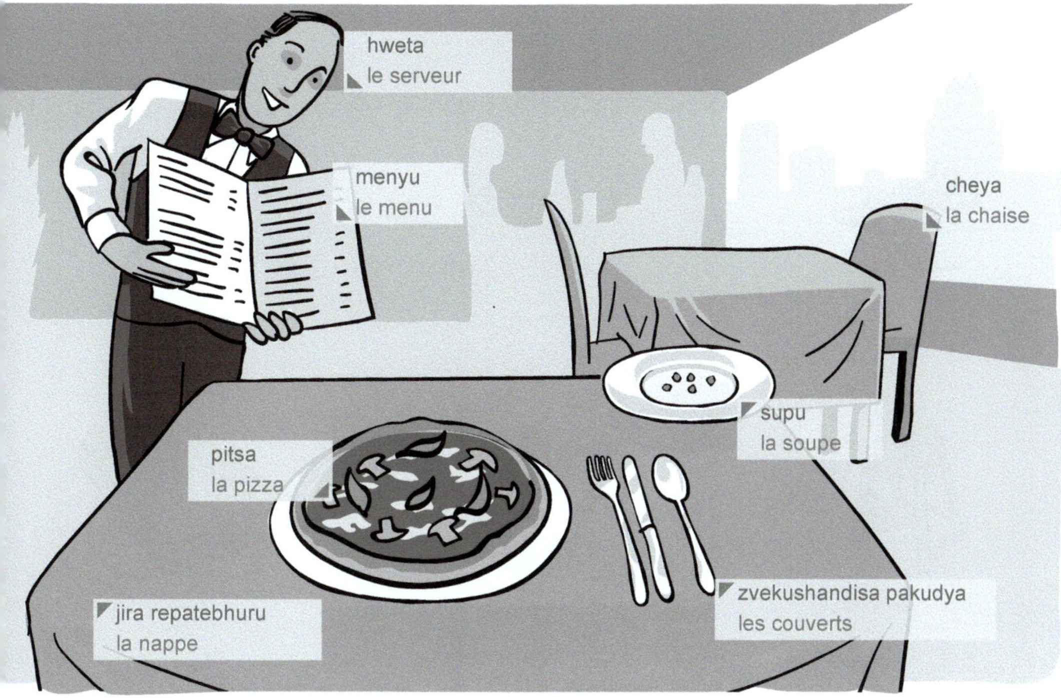
hweta
le serveur
menyu
le menu
cheya
la chaise
supu
la soupe
pitsa
la pizza
jira repatebhuru
la nappe
zvekushandisa pakudya
les couverts

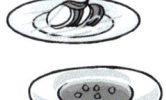

zvekusosa nzara

les hors d'œuvre

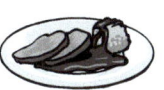

zvekudya

le plat principal

zvekuseredzera

le dessert

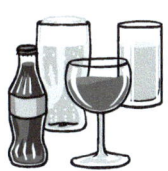

zvekunwa

les boissons

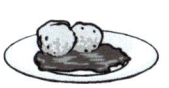

zvekudya

l'alimentation

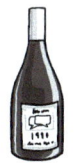

bhodhoro

la bouteille

zvekudya zvisingatori nguva
kubika

le fast-food

chikafu chinotengeswa
munzira

les plats à emporter

tipoti

la théière

gabha reshuga

le sucrier

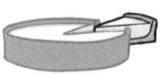

chidimbu

la portion

muchina wekofi

la machine à expresso

cheya yemwana

la chaise haute

bhiri

la facture

tureyi

le plateau

banga

le couteau

forogo

la fourchette

chipunu

la cuillère

chipunu

la cuillère à thé

zvekupukutisa muromo

la serviette

girazi

le verre

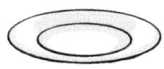

ndiro

l'assiette

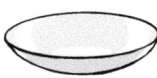

ndiro yesupu

l'assiette à soupe

ndiro

la soucoupe

supu

la sauce

chekuisira sauti

la salière

chekugaya mhiripiri

le moulin à poivre

vhiniga

le vinaigre

mafuta

l'huile

masipaisi

les épices

ketchup

le ketchup

mustard

la moutarde

mayonaizi

la mayonnaise

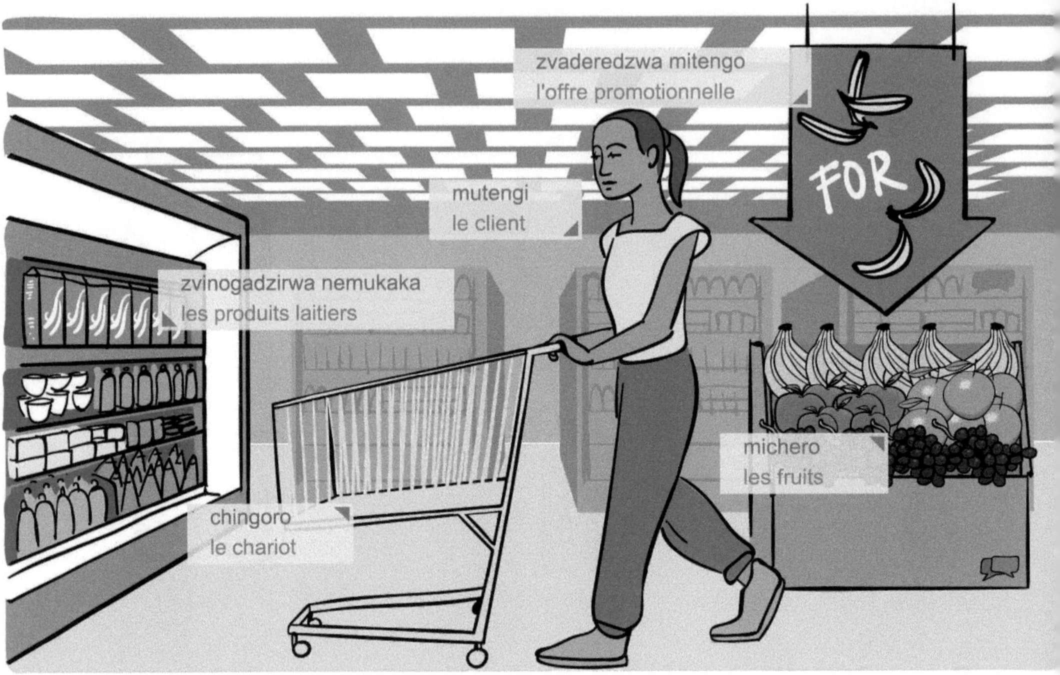

zvaderedzwa mitengo
l'offre promotionnelle

mutengi
le client

zvinogadzirwa nemukaka
les produits laitiers

michero
les fruits

chingoro
le chariot

panotengeswa nyama	panotengeswa chingwa	kuyera
la boucherie	la boulangerie	peser
	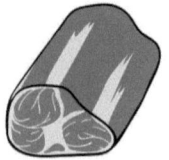	
miriwo	nyama	zvekudya zvakaoma nechando
les légumes	la viande	les aliments surgelés

nyama yakatonhora

la charcuterie

zvekudya zvemugaba

les conserves

sipo yeupfu yekuwachisa

la poudre à lessive

masuwiti

les bonbons

zvekushandisa mumba

les articles ménagers

zvekuchenesa nazvo

les détergents

mutengesi

la vendeuse

tiru

la caisse

mutengesi

le caissier

zviri kuda kutengwa

la liste d'achats

nguva dzekuvhura

les heures d'ouverture

chikwama

le portefeuille

kadhi rekubhengi

la carte de crédit

bhegi

le sac

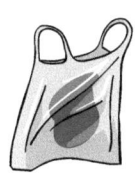

pepa rekuisira

le sac en plastique

les boissons

mvura

l'eau

muto wemichero

le jus de fruit

mukaka

le lait

coke

le coca

waini

le vin

doro

la bière

doro

l'alcool

cocoa

le chocolat chaud

tii

le thé

kofi

le café

kofi

l'expresso

cappuccino

le cappuccino

bhanana

la banane

apuro

la pomme

orenji

l'orange

nwiwa

le melon

ndimu

le citron.

karotsi

la carotte

gariki

l'ail

mushenjere

le bambou

hanyanisi

l'oignon

hohwa

le champignon

nzungu

les noisettes

manoodle

les pâtes

spaghetti

les spaghetti

mupunga

le riz

saradhi

la salade

machipisi

les pommes frites

mbatatisi dzakafuraiwa

les pommes de terre rôties

pitsa

la pizza

chingwa chakaruma nyama

le hamburger

sangweji

le sandwich

nhindi

l'escalope

ham

le jambon

salami

le salami

soseji

la saucisse

huku

le poulet

gochwa

le rôti

hove

le poisson

bota reoats
....
les flocons d'avoine

muesli
....
le muesli

macornflake
....
les cornflakes

furawa
....
la farine

croissant
....
le croissant

chingwa
....
les petits-pains

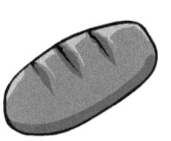

chingwa
....
le pain

chingwa chakagochwa
....
le pain grillé

mabhisikiti
....
les biscuits

bhata
....
le beurre

ige
....
le fromage blanc

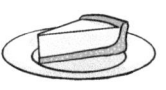

keke
....
le gâteau

zai
....
l'œuf

zai rakafuraiwa
....
l'œuf au plat

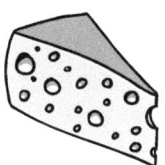

chizi
....
le fromage

aizikirimu

la glace

shuga

le sucre

huchi

le miel

jemu

la confiture

chocolate yekuzora

la crème nougat

curry

le curry

purazi
la ferme

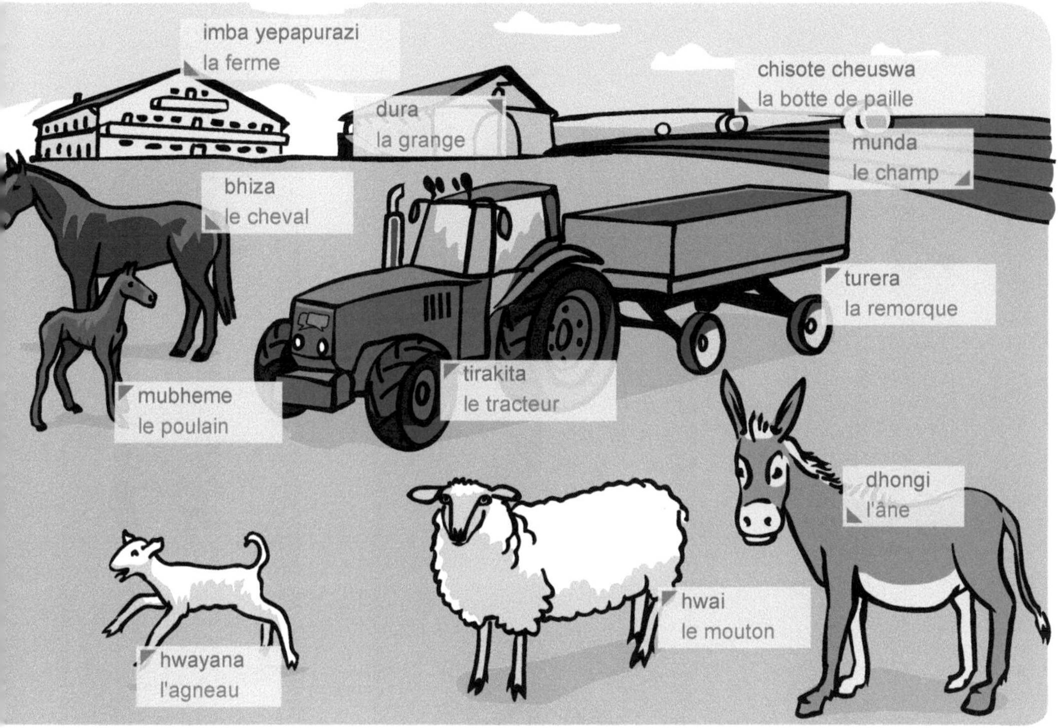

imba yepapurazi
la ferme
dura
la grange
chisote cheuswa
la botte de paille
munda
le champ
bhiza
le cheval
turera
la remorque
tirakita
le tracteur
mubheme
le poulain
dhongi
l'âne
hwai
le mouton
hwayana
l'agneau

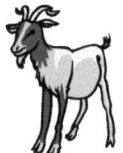

mbudzi

la chèvre

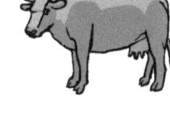

mhou

la vache

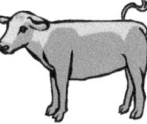

mhuru

le veau

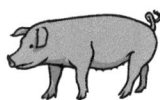

nguruve

le porc

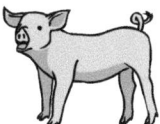

chigwi

le porcelet

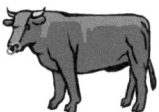

bhuru

le taureau

dhadha

l'oie

dhakisi

le canard

nhiyo

le poussin

tseketsa

la poule

jongwe

le coq

gonzo

le rat

katsi

le chat

mbeva

la souris

dhonza

le bœuf

imbwa

le chien

imba yembwa

le chenil

pombi yemvura

le tuyau de jardin

keni yekudiridzisa

l'arrosoir

jeko

la faucheuse

gejo

la charrue

jeko

la faucille

badza

la pioche

forogo

la fourche

demo

la hache

bhara

la brouette

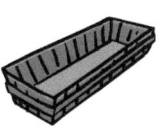

chidyiro

la cuve

bhodhoro remukaka

le pot à lait

saga

le sac

fenzi

la clôture

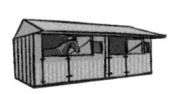

danga

l'étable

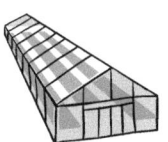

greenhouse

le serre

ivhu

le sol

mbeu

les semences

fetereza

l'engrais

mota yekukohwesa

la moissonneuse-batteuse

kukohwa
....
récolter

gohwo
....
la récolte

mbatatisi
....
l'igname

gorosi
....
le blé

soya
....
le soja

mbatatisi
....
la pomme de terre

chibage
....
le maïs

rapeseed
....
le colza

muti wemichero
....
l'arbre fruitier

mufarinya
....
le manioc

mbesa
....
les céréales

imba

la maison

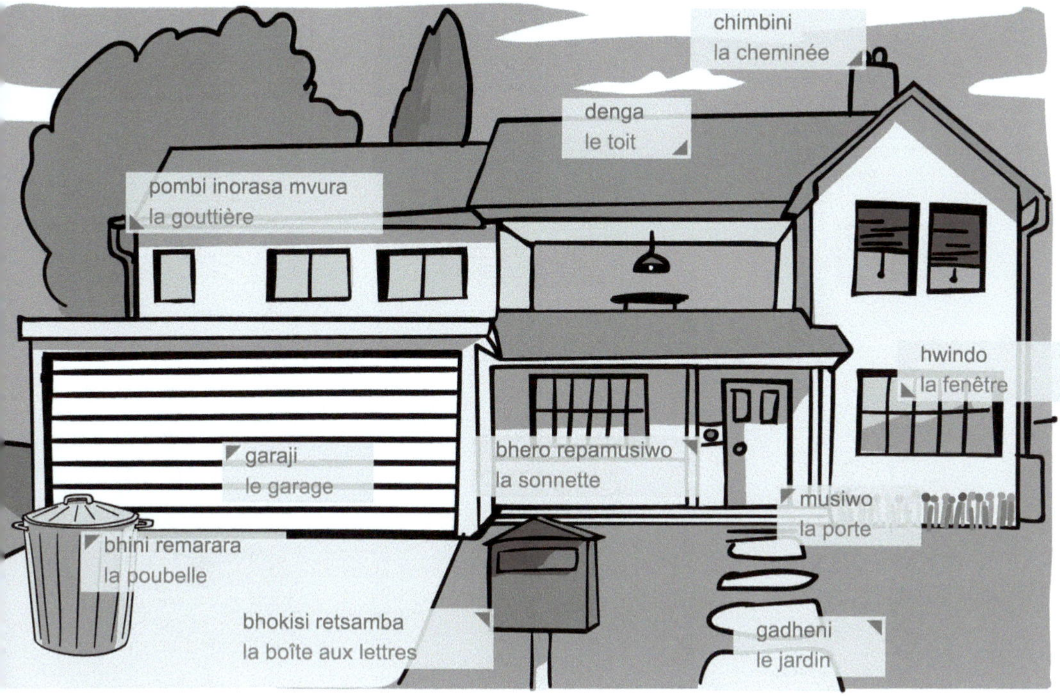

chimbini
la cheminée
denga
le toit
pombi inorasa mvura
la gouttière
hwindo
la fenêtre
garaji
le garage
bhero repamusiwo
la sonnette
musiwo
la porte
bhini remarara
la poubelle
bhokisi retsamba
la boîte aux lettres
gadheni
le jardin

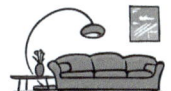

imba yekutandarira

le salon

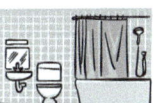

mekugezera

la salle de bain

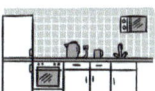

kicheni

la cuisine

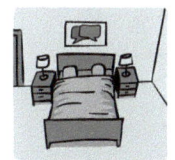

imba yekurara

la chambre à coucher

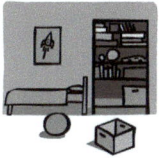

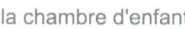

imba yemwana

la chambre d'enfant

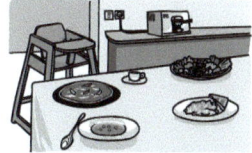

imba yekudyira

la salle à manger

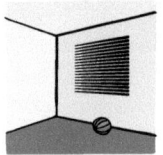

uriri

le sol

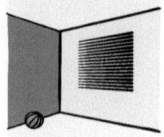

madziro

le mur

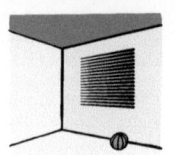

denga

le plafond

imba yepasi

la cave

sauna

le sauna

vharanda repadenga

le balcon

uriri hwepadenga

la terrasse

dziva rekushambira

la piscine

muchina wekuchekesa
uswa
la tondeuse à gazon

jira

la housse

chekufukidza mubhedha

la couette

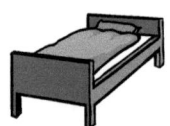

mubhedha

le lit

bhurumu

le balai

bhaketi

le sceau

suwichi

l'interrupteur

imba yekutandarira
le salon

pepa remadziro
le papier peint
pikicha
l'image
rambi
la lampe
sherufu
l'étagère
kabhati
l'armoire
TV
la télé
nzvimbo yemoto
la cheminée
ruva
la fleur
kusheni
le coussin
sofa
le sofa
vhazi
le vase
rimoti
la télécommande

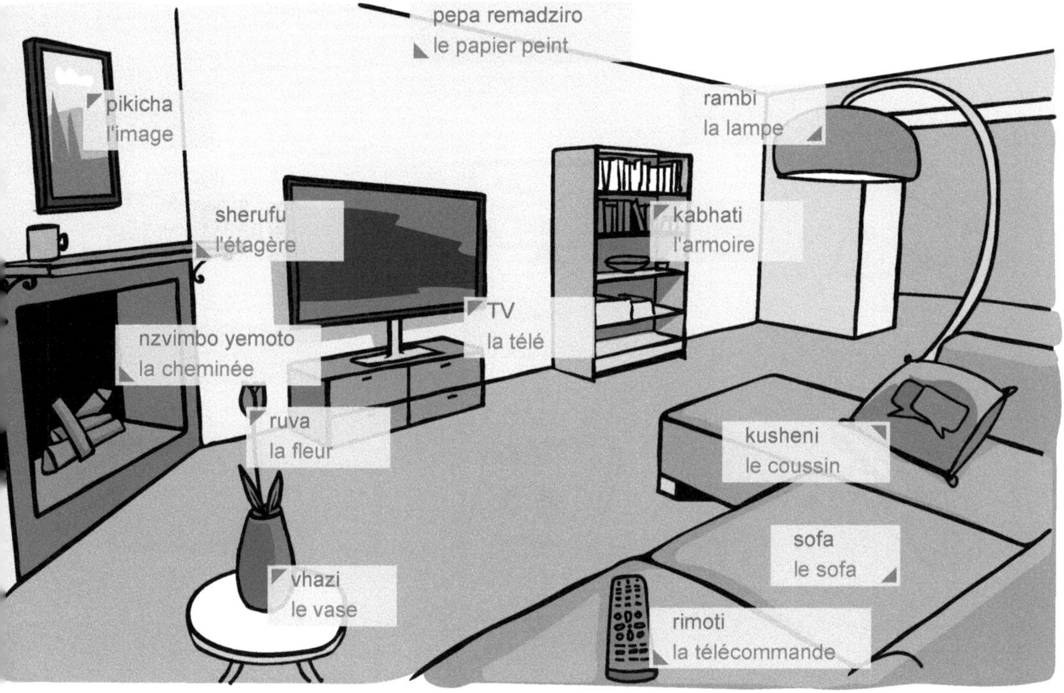

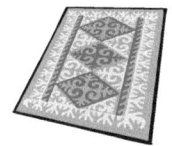

kapeti
le tapis

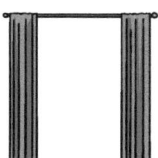

keteni
le rideau

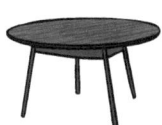

tebhuru
la table

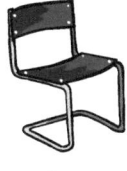

cheya
la chaise

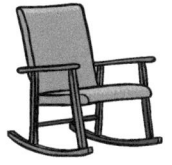

cheya inozeya
la chaise à bascule

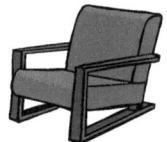

cheya ine pekuisa maoko
le fauteuil

bhuku

le livre

gumbeze

la couverture

marongedzero

la décoration

huni

le bois de chauffage

firimu

le film

redhiyo yehi-fi

la chaîne hi-fi

kii

la clé

pepanhau

le journal

mufananidzo

la peinture

posita

le poster

redhiyo

la radio

pekunyorera

le bloc-notes

muchina wekuhuvhisa

l'aspirateur

chinanazi

le cactus

kenduru

la bougie

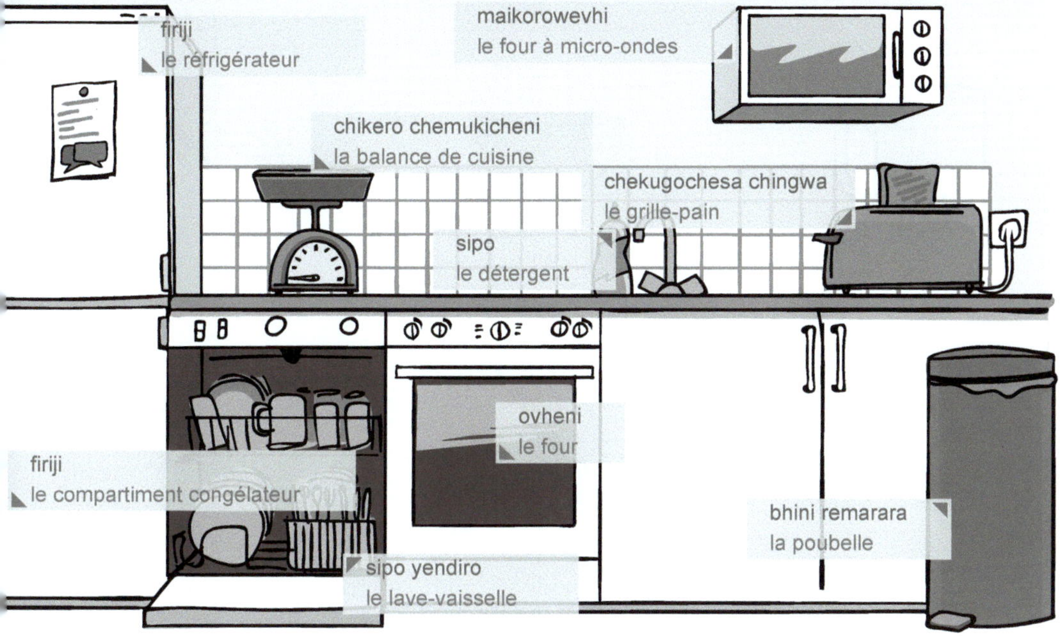

firiji
le réfrigérateur

maikorowevhi
le four à micro-ondes

chikero chemukicheni
la balance de cuisine

chekugochesa chingwa
le grille-pain

sipo
le détergent

ovheni
le four

firiji
le compartiment congélateur

bhini remarara
la poubelle

sipo yendiro
le lave-vaisselle

chitofu

le four

poto

la casserole

poto yesimbi

la marmite

wok / kadai

le wok / kadai

pani

la poêle

ketero

la bouilloire electrique

chekubikisa neutsi
hwemvura

le cuiseur vapeur

turei yekubhekesa

la plaque de cuisson

ndiro

la vaisselle

kapu

le gobelet

dishi

la coupe

tumiti twekudyisa

les baguettes

chipunu

la louche

chipunu

la spatule

chekusanganisisa

le fouet

chekukunisa

la passoire

chekukunisa

le tamis

chekugiretesa

la râpe

duri

le mortier

chiwaya

le barbecue

moto

la cheminée

chekuchekera

la planche à découper

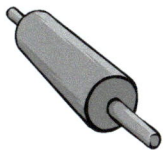

chekutsimbiririsa
mukanyiwa

le rouleau à pâtisserie

chekuvhurisa mabhodhoro
ewaini

le tire-bouchon

tini

la boîte

chekuvhurisa tini

l'ouvre-boîte

girovhosi rekubatisa
zvinopisa

les maniques

singi

le lavabo

bhurasho

la brosse

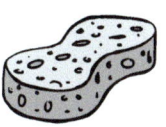

chipanji

l'éponge

chinosanganisa

le mixeur

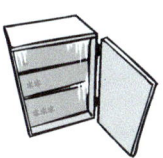

firiji

le congélateur

bhodhoro remwana

le biberon

pombi

le robinet

mekugezera
la salle de bain

shawa
la douche
chinodziisa mumba
le chauffage
tauro
la serviette
keteni remushawa
le rideau de douche
mvura yekugeza ine furo
le bain moussant
mekugezera
la baignoire
girazi
le verre
muchina wekuwachisa
la machine à laver
pombi
le robinet
mataira
le carrelage
chipoti chemwana
le pot
singi
le lavabo

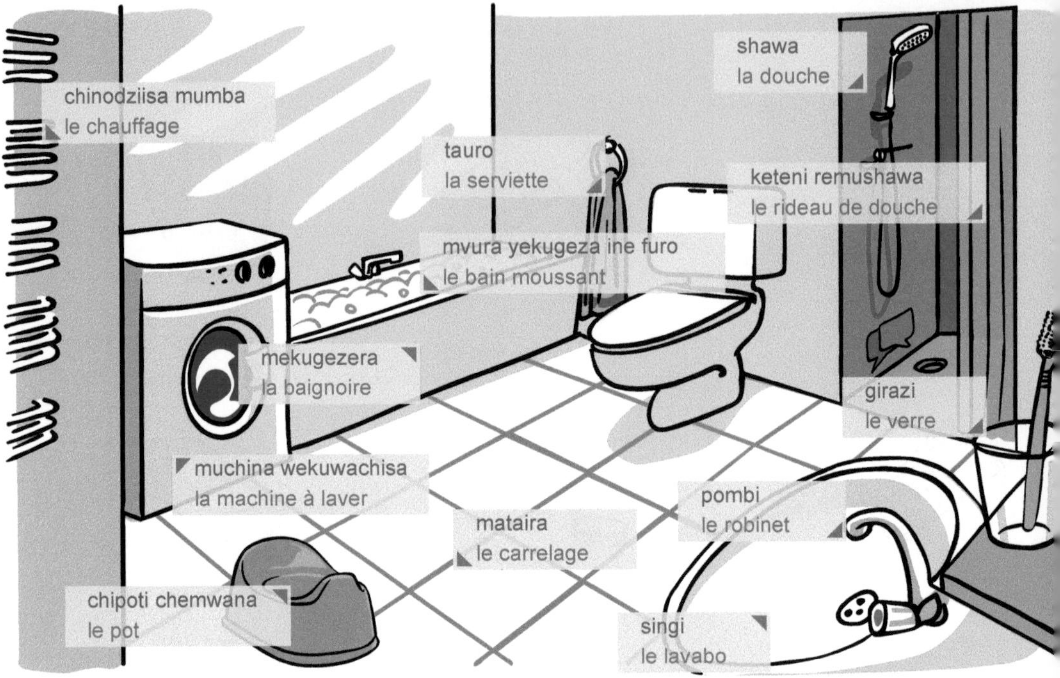

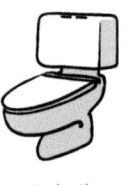

toireti
les toilettes

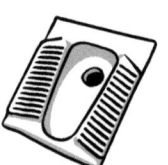

toireti yegomba
la toilette à la turque

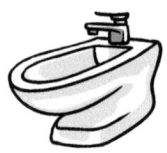

chemba
le bidet

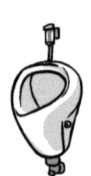

chekuitira weti chevarume
l'urinoir

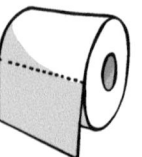

pepa remutoireti
le papier toilette

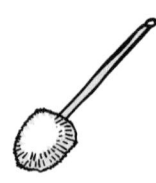

bhurasho remutoireti
la brosse à toilette

bhurasho remazino

la brosse à dents

mushonga wemazino

le dentifrice

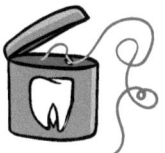

tambo yekugezesa mazino

le fil dentaire

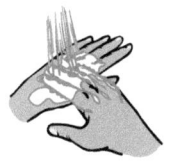

kugeza

laver

shawa yekuita zvekubata

la douche manuelle

douche

la douche intime

bheseni

la vasque

bhurasho remusoro

la brosse dorsale

sipo

le savon

sipo yekugezesa mushawa

le gel douche

shambuu

le shampooing

chekugezesa

le gant de toilette

dhireni

l'écoulement

mafuta

la crème

chinonhuwirira

le déodorant

girazi

le miroir

girazi remumaoko

le miroir cosmétique

chekugeresa ndebvu

le rasoir

furo rekugeresa ndebvu

la mousse à raser

mafuta ekuzora wagera
ndebvu

l'après-rasage

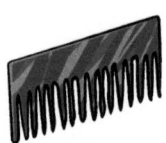

kamu

la peigne

bhurasho

la brosse

chekuomesa bvudzi

le sèche-cheveux

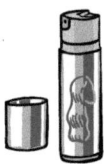

mushonga wekupfapfaidza
musoro

la laque pour cheveux

zvekupodesa

le fond de teint

chekupendesa muromo

le rouge à lèvres

chekupendesa nzara

le vernis à ongles

donje

l'ouate

chigero chenzara

le coupe-ongles

pefiyumu

le parfum

bhegi rezvekugezesa

la trousse de toilette

chituro

le tabouret

chikero

le pèse-personne

bathrobe

le peignoir

magirovhosi erabha

les gants de nettoyage

tampon

le tampon

pedhi

es serviettes hygiéniques

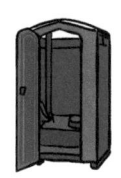

toireti inotakurwa

la toilette chimique

imba yemwana
la chambre d'enfant

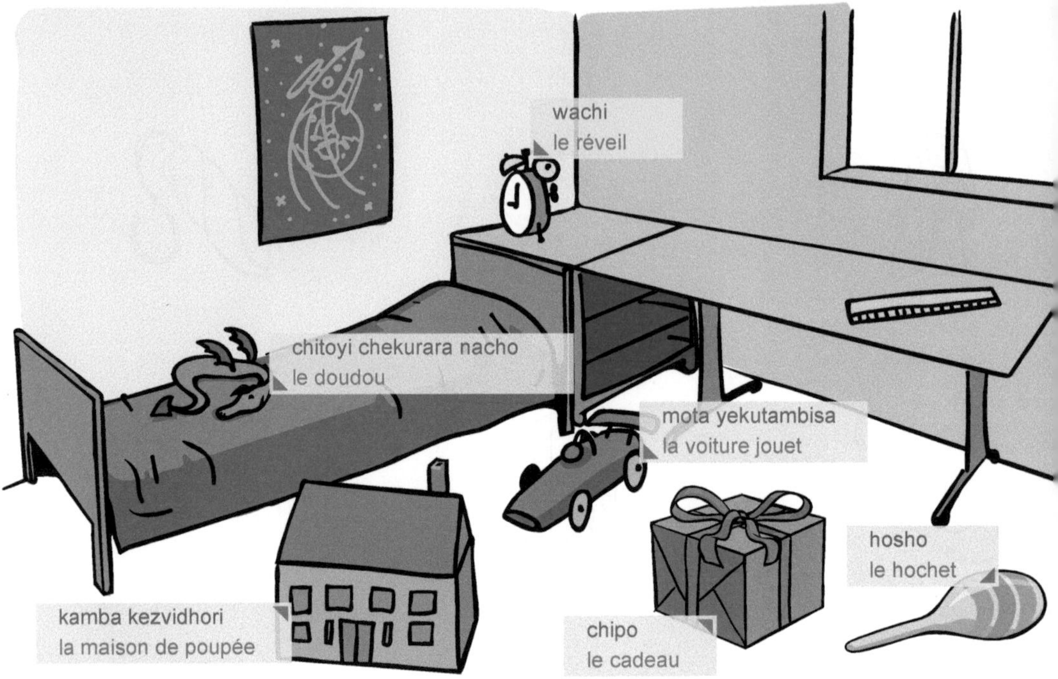
wachi
le réveil
chitoyi chekurara nacho
le doudou
mota yekutambisa
la voiture jouet
hosho
le hochet
kamba kezvidhori
la maison de poupée
chipo
le cadeau

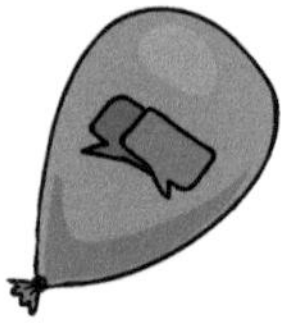

chibharuma

le ballon

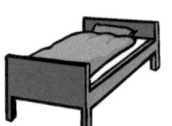

mubhedha

le lit

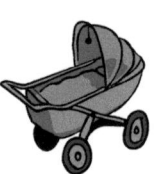

purema

la poussette

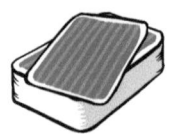

makadhi ekutamba

le jeu de cartes

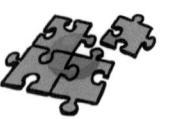

puzzle

le puzzle

SUPER
MEGA

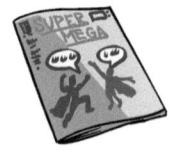

makatuni ekuverenga

la bande dessinée

zvekuvakisa zvinhu

les pièces lego

mabhuroko ekuvakisa

les blocs de construction

chidhori

la figurine

babygrow

la grenouillère

chekutambisa uchikanda

le frisbee

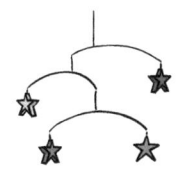

zvekuvaraidza mwana

le mobile

gemu rinotambirwa pabhodhi

le jeu de société

dhaisi

le dé

zvitima zvekutambisa

le train miniature

chidhami

la sucette

mabiko

la fête

bhuku remapikicha

le livre d'images

bhora

la balle

chidhori

la poupée

kutamba

jouer

majecha ekutambira

le bac à sable

muzeerere

la balançoire

zvekutambisa

les jouets

chekutambisa magemu
emavhidhiyo

la console de jeu

kabhasikoro kemavhiri
matatu

le tricycle

teddy bear

l'ours en peluche

wadhiropu

l'armoire

zvipfeko

les vêtements

masokisi

les chaussettes

masokisi

les bas

matirauzi anobata muviri

le collant

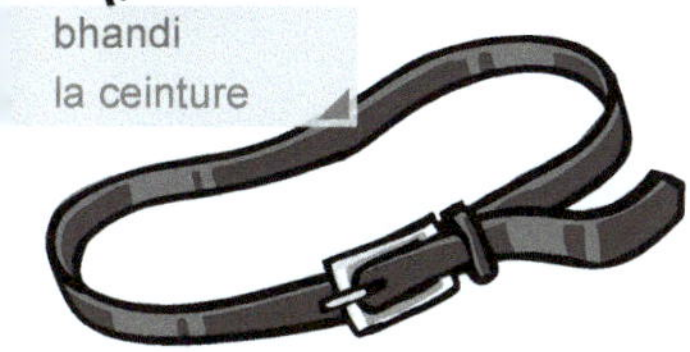

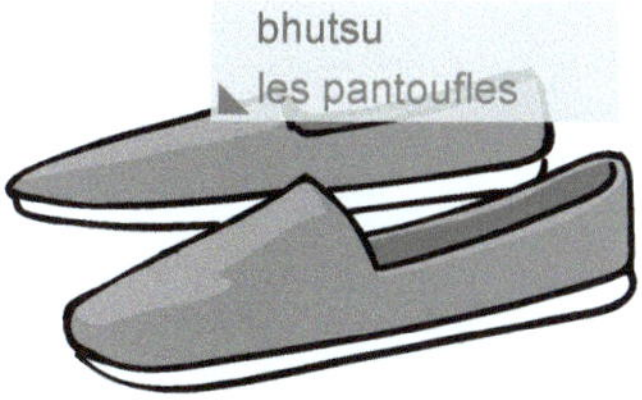

sikavha
l'écharpe

amburera
le parapluie

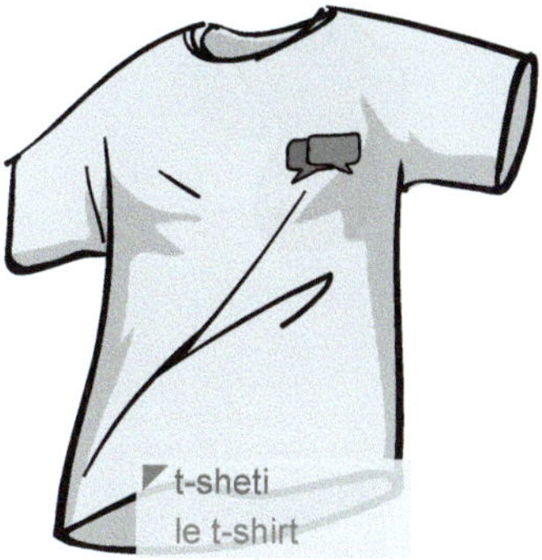

bhandi
la ceinture

t-sheti
le t-shirt

majombo
les bottes

bhutsu
les pantoufles

bhutsu
les baskets

masanduru
les sandales

bhutsu
les chaussures

magambutsu
les bottes de caoutchouc

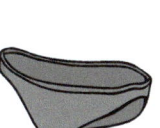
nduwe
les sous-vêtements

bhodhi
le soutien-gorge

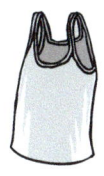
vhesi
le maillot de corps

muviri

le body

tirauzi

le pantalon

jini

le jean

siketi

la jupe

bhurauzi

le chemisier

hembe

la chemise

bhachi

le pull

chibhachi

le sweat à capuche

bhachi

la veste

bhachi

la veste

jasi

le manteau

renikoti

l'imperméable

koshitomu

le costume

dhirezi

la robe

dhirezi remuchato

la robe de mariée

sutu

le costume

hembe yekurarisa

la chemise de nuit

mapijama

le pyjama

chari

le sari

headscarf

le foulard

heti

le turban

burqa

la burqa

kaftan

le caftan

abaya

l'abaya

hembe yekutuhwinisa

le maillot de bain

chikabudura

le maillot de bain

chikabudura

le short

tirekisutu

la tenue d'entraînement

apuroni

le tablier

magirovhosi

les gants

bhatani

le bouton

magirazi

les lunettes

bhenguru

le bracelet

chuma

le collier

rin'i

la bague

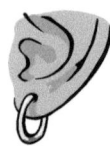

mhete

la boucle d'oreille

kepisi

le bonnet

hen'a

le cintre

heti

le chapeau

tai

la cravate

zipi

la fermeture éclair

herumeti

le casque

mabhandi

les bretelles

yunifomu yekuchikoro

l'uniforme scolaire

yunifomu

l'uniforme

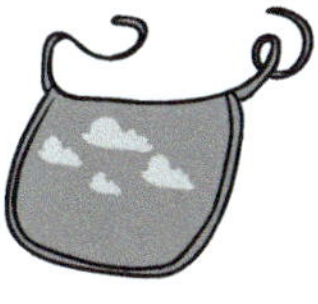

chibhibhi

le bavoir

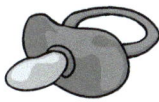

chidhami

la sucette

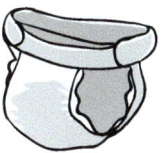

napukeni

la lange

hofisi

le bureau

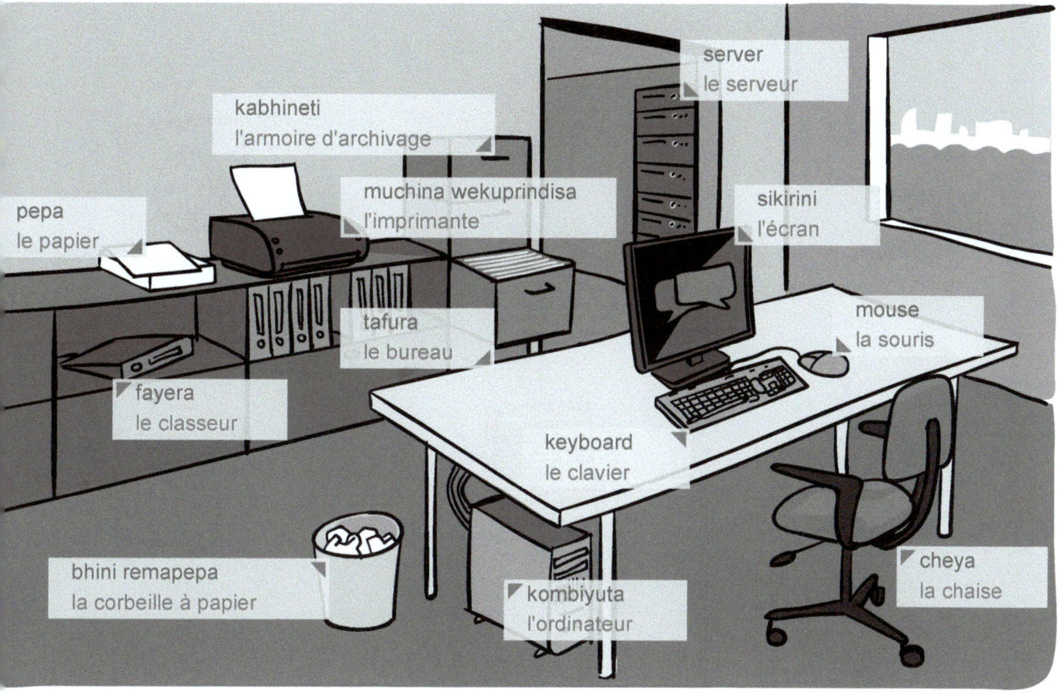
server
le serveur
kabhineti
l'armoire d'archivage
muchina wekuprindisa
l'imprimante
pepa
le papier
sikirini
l'écran
tafura
le bureau
mouse
la souris
fayera
le classeur
keyboard
le clavier
bhini remapepa
la corbeille à papier
kombiyuta
l'ordinateur
cheya
la chaise

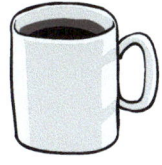

kapu yekofi

la tasse de café

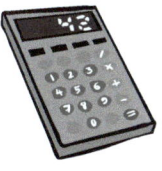

kakureta

la calculatrice

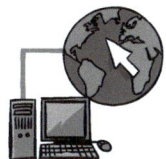

indaneti

l'internet

laptop

l'ordinateur portable

tsamba

la lettre

tsamba

le message

serura

le portable

network

le réseau

muchina wekufotokopesa

la photocopieuse

software

le logiciel

foni

le téléphone

pekupfekera magetsi

la prise

muchina wefax

le fax

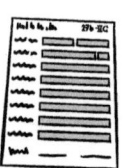

fomu

le formulaire

gwaro

le document

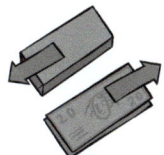

kutenga

acheter

kubhadhara

payer

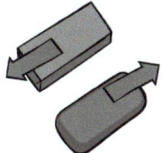

kutengesa

faire du commerce

mari

la monnaie

Dhora

le dollar

Euro

l'euro

Yen

le yen

rouble

le rouble

Swiss franc

le franc suisse

renminbi yuan

le renminbi yuan

rupee

la roupie

panobhadharwa

le distributeur automatique

panochinjwa mari

le bureau de change

goridhe

l'or

sirivha

l'argent

mafuta

le pétrole

magetsi

l'énergie

mutengo

le prix

chibvumirano

le contrat

mutero

la taxe

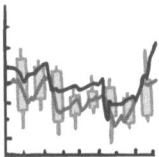

masitoku

l'action

kushanda

travailler

mushandi

l'employé

mushandirwi

l'employeur

fekitari

l'usine

chitoro

le magasin

mupurisa
l'agent de police

mudzimi wemoto
le pompier

mubiki
le cuisinier

chiremba
le médecin

mutyairi wendege
le pilote

mushandi wemugadheni

le jardinier

muvezi

le menuisier

mukadzi anosona

la couturière

mutongi

le juge

anoita zvemishonga

le chimiste

ekita

l'acteur

mutyairi webhazi

le conducteur de bus

mutyairi wetaxi

le chauffeur de taxi

muredzi

le pêcheur

mudzimai anochenesa

la femme de ménage

anogadzira denga

le couvreur

hweta

le serveur

muvhimi

le chasseur

anopenda

le peintre

mubiki wechingwa

le boulanger

mugadziri wemagetsi

l'électricien

muvaki

l'ouvrier

injiniya

l'ingénieur

mushandi wemubhucha

le boucher

puramba

le plombier

positimeni

le facteur

musoja

le soldat

anoita mapurani edzimba

l'architecte

mutengesi

le caissier

mugadziri wemaruva

le fleuriste

mugadziri wemusoro

le coiffeur

kondakita

le contrôleur

makanika

le mécanicien

kaputeni

le capitaine

chiremba wemazino

le dentiste

musayindisti

le scientifique

rabbi

le rabbin

imam

l'imam

mumonk

le moine

mufundisi

le prêtre

maturusi
les outils

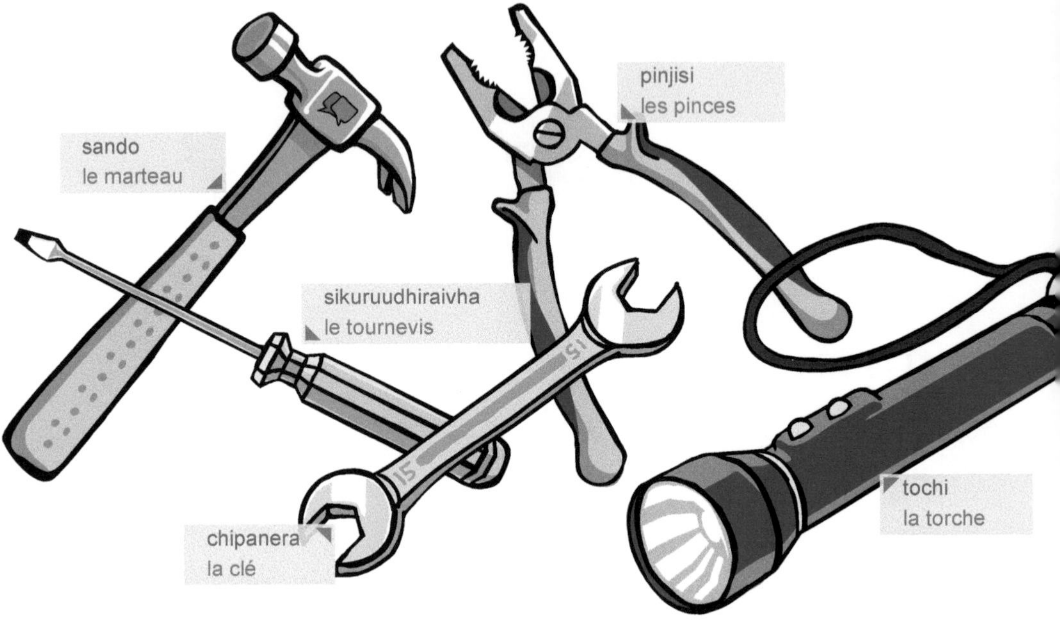

pinjisi
les pinces
sando
le marteau
sikuruudhiraivha
le tournevis
tochi
la torche
chipanera
la clé

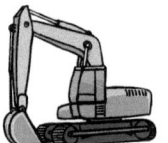

chikatapira

la pelleteuse

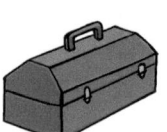

bhokisi rematurusi

la boîte à outils

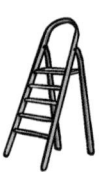

manera

l'échelle

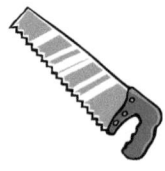

saha

la scie

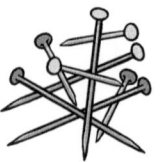

zvipikiri

les clous

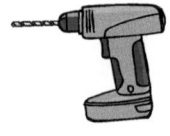

chibooreso

la perceuse

kugadzira
....
réparer

foshoro
....
la pelle

Nxa!
....
Mince !

chidyoreso
....
la pelle

gaba rependi
....
le pot de peinture

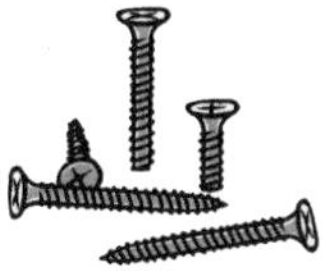

masikuruu
....
les vis

zviridzwa

les instruments de musique

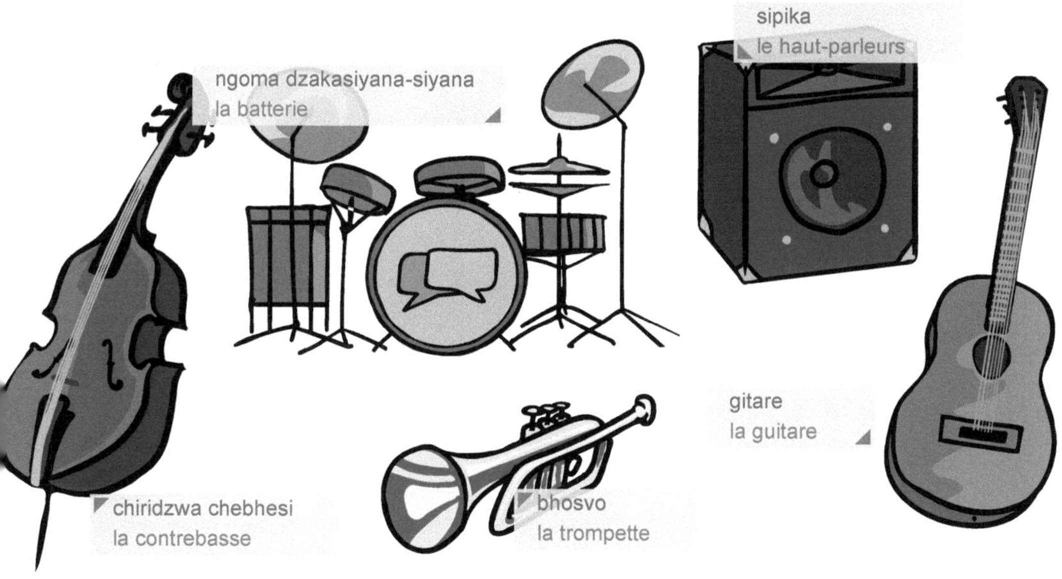

ngoma dzakasiyana-siyana
la batterie

sipika
le haut-parleurs

gitare
la guitare

chiridzwa chebhesi
la contrebasse

bhosvo
la trompette

piyano

le piano

violin

le violon

gitare rebhesi

la basse

ngoma

les timbales

ngoma

le tambour

piyano yemagetsi

le piano électrique

saxophone

le saxophone

nyere

la flûte

maikorofoni

le microphone

munochengeterwa mhuka

le zoo

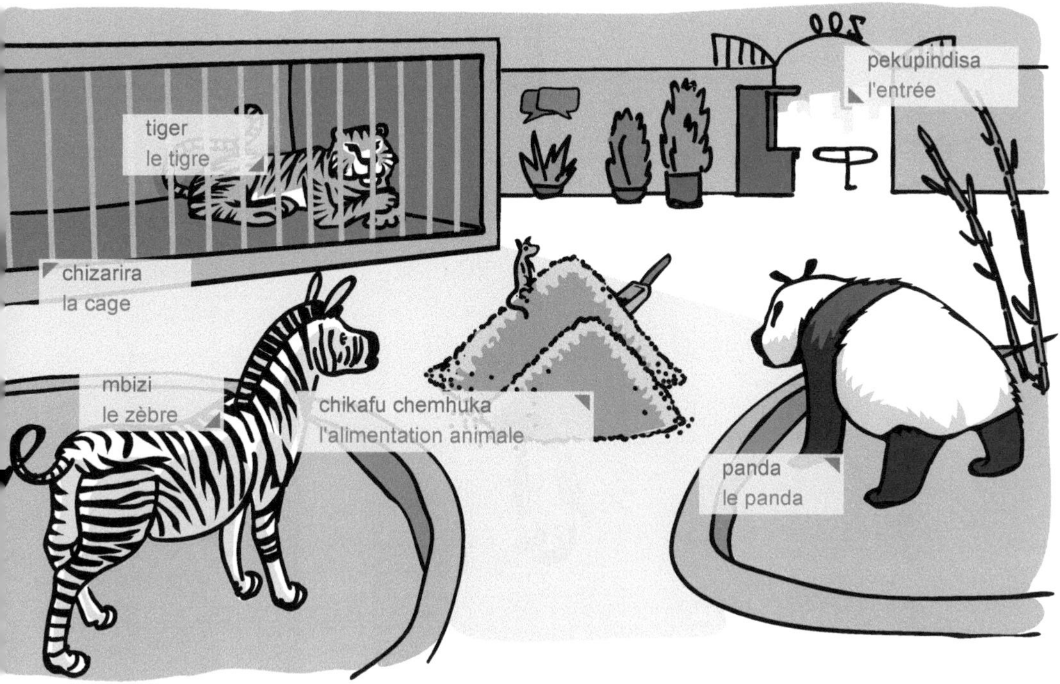

pekupindisa
l'entrée
tiger
le tigre
chizarira
la cage
mbizi
le zèbre
chikafu chemhuka
l'alimentation animale
panda
le panda

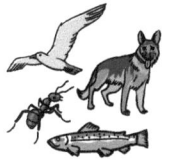

mhuka

les animaux

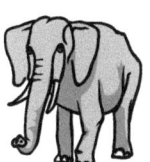

nzou

l'éléphant

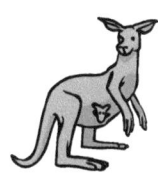

kangaruru

le kangourou

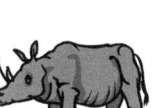

chipembere

le rhinocéros

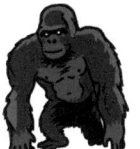

gorilla

le gorille

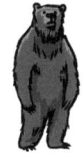

bear

l'ours

ngamera

le chameau

mhou

l'autruche

shumba

le lion

tsoko

le singe

flamingo

le flamand rose

parrot

le perroquet

bear rekuchando

l'ours polaire

penguin

le pingouin

shark

le requin

pikoko

le paon

nyoka

le serpent

garwe

le crocodile

muchengeti wenzvimbo
yemhuka

le gardien de zoo

seal

le phoque

jaguar

le jaguar

nyurusi

le poney

ingwe

le léopard

mvuu

l'hippopotame

twiza

la girafe

gondo

l'aigle

nguruve yemusango

le sanglier

hove

le poisson

kamba

la tortue

walrus

le morse

gava

le renard

nhoro

la gazelle

bhora rekuAmerica
l'american Football

kuchovha
le cyclisme

tenisi
le tennis

bhora rebhasiketi
le basket-ball

kutuhwina
la natation

tsiva
la boxe

hockey yemuchando
le hockey sur glace

nhabvu

le football

badminton

le badminton

zvekumhanya

l'athlétisme

bhora remaoko

le handball

kuita ski

le ski

polo

le polo

mabasa
les activités

kusvetuka
sauter
kumbundira
embrasser
kuseka
rire
kufamba
marcher
kuimba
chanter
kurota
rêver
kunyengetera
prier
kutsvoda
faire la bise

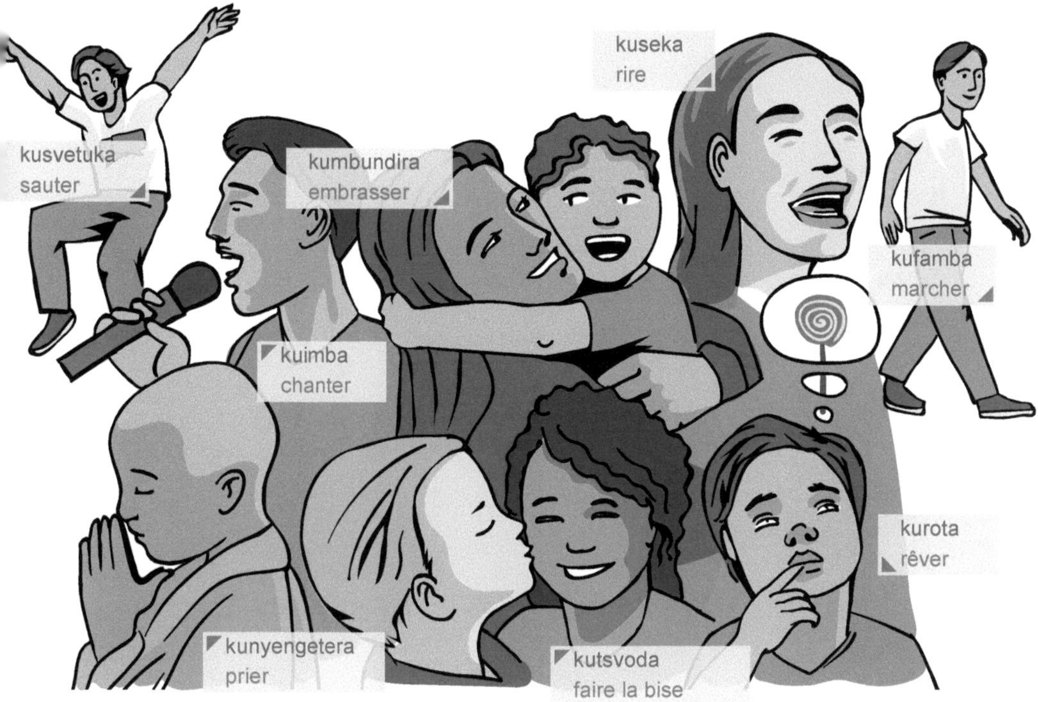

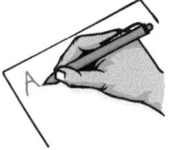

nyora

écrire

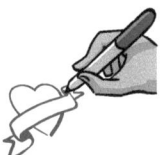

kudhirowa

dessiner

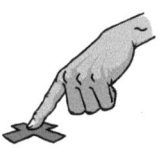

kuratidza

montrer

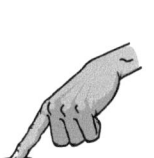

kusunda

pousser

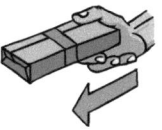

kupa

donner

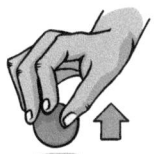

kutora

prendre

kuva ne
avoir

kuita
faire

kuva
être

kumira
être debout

kumhanya
courir

kudhonza
trier

kukanda
jeter

kudonha
tomber

kurara
être couché

kumirira
attendre

kutakura
porter

kugara
être assis

kupfeka
s'habiller

kurara
dormir

kumuka
se réveiller

kutarisa

regarder

kuchema

pleurer

kupuruzira

caresser

kukama

peigner

kutaura

parler

kunzwisisa

comprendre

kubvunza

demander

kuteerera

écouter

kunwa

boire

kudya

manger

kuchenesa

ranger

kuda

aimer

kubika

cuire

kutyaira

conduire

kubhururuka

voler

kufambiswa nemhepo

faire de la voile

kakureta

calculer

kuverenga

lire

kudzidza

apprendre

kushanda

travailler

kuroora / kuroorwa

se marier

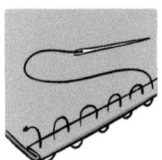

kusona

coudre

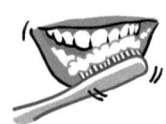

kukwesha mazino

brosser les dents

kuuraya

tuer

kuputa

fumer

kutumira

envoyer

mhuri
la famille

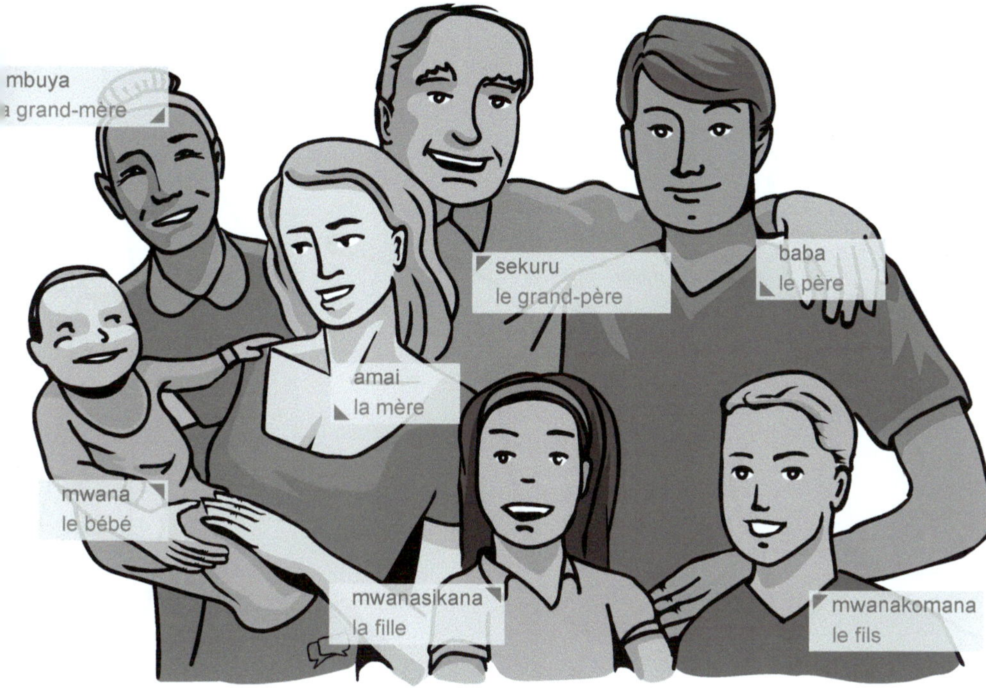

mbuya
grand-mère
sekuru
le grand-père
baba
le père
amai
la mère
mwana
le bébé
mwanasikana
la fille
mwanakomana
le fils

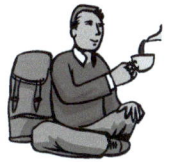

muenzi

l'hôte

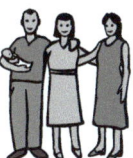

tete

la tante

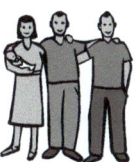

sekuru

l'oncle

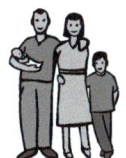

hanzvadzikomana

le frère

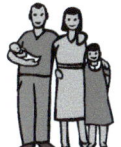

hanzvadzisikana

la sœur

muviri

le corps

huma
le front
ziso
l'œil
chiso
le visage
chirebvu
le menton
chipfuva
la poitrine
munwe
le doigt
ruoko
la main
ruoko
le bras
bendekete
l'épaule
gumbo
la jambe

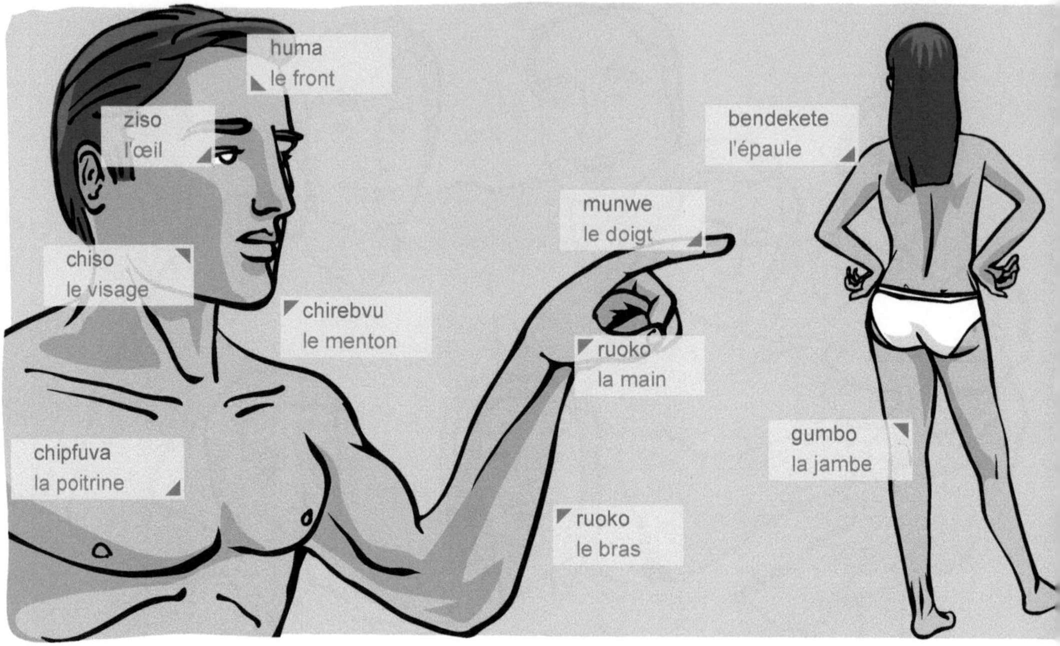

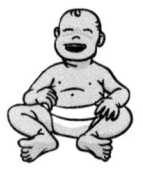

mwana

le bébé

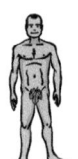

murume

l'homme

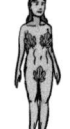

mukadzi

la femme

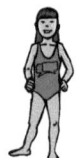

musikana

la fille

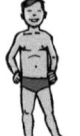

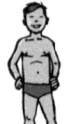

mukomana

le garçon

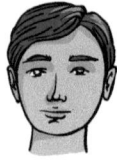

musoro

la tête

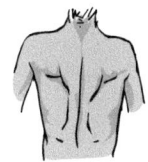

musana

le dos

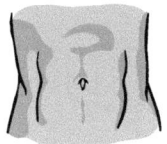

dumbu

le ventre

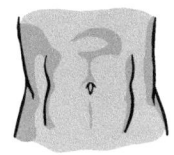

guvhu

le nombril

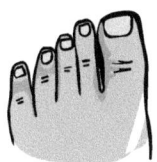

chigunwe

l'orteil

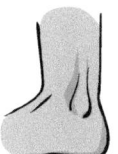

chitsitsinho

le talon

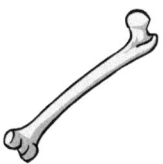

bhonzo

l'os

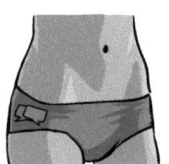

hudyu

la hanche

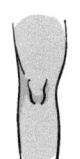

ibvi

le genou

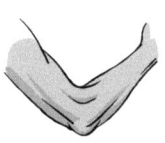

gokora

le coude

mhino

le nez

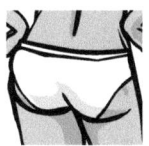

garo

les fesses

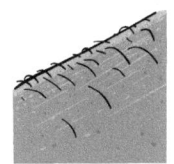

ganda

la peau

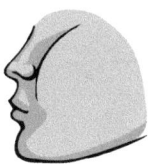

dama

la joue

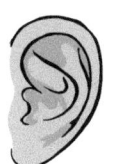

nzeve

l'oreille

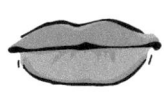

muromo

la lèvre

mukanwa
la bouche

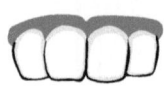

zino
la dent

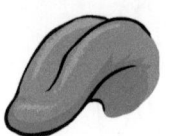

rurimi
la langue

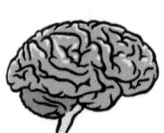

uropi
le cerveau

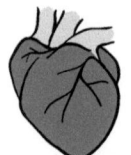

mwoyo
le cœur

tsandanyama
le muscle

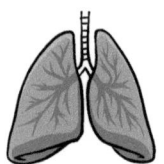

bapu
les poumons

chitaka
le foie

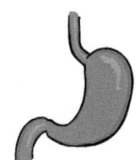

dumbu
l'estomac

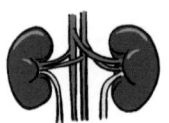

itsvo
les reins

kuita bonde
le rapport sexuel

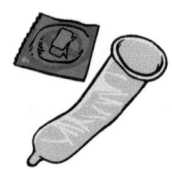

kondomu
le préservatif

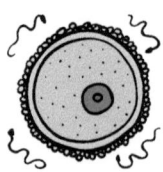

zai
l'ovule

urume
le sperme

nhumbu
la grossesse

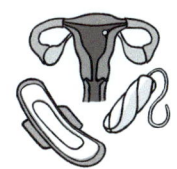

kuenda kumwedzi

la menstruation

sikarudzi

le vagin

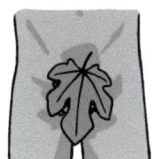

mboro

le pénis

tsiye

le sourcil

bvudzi

les cheveux

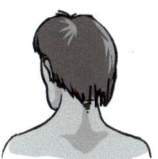

mutsipa

le cou

chipatara
l'hôpital

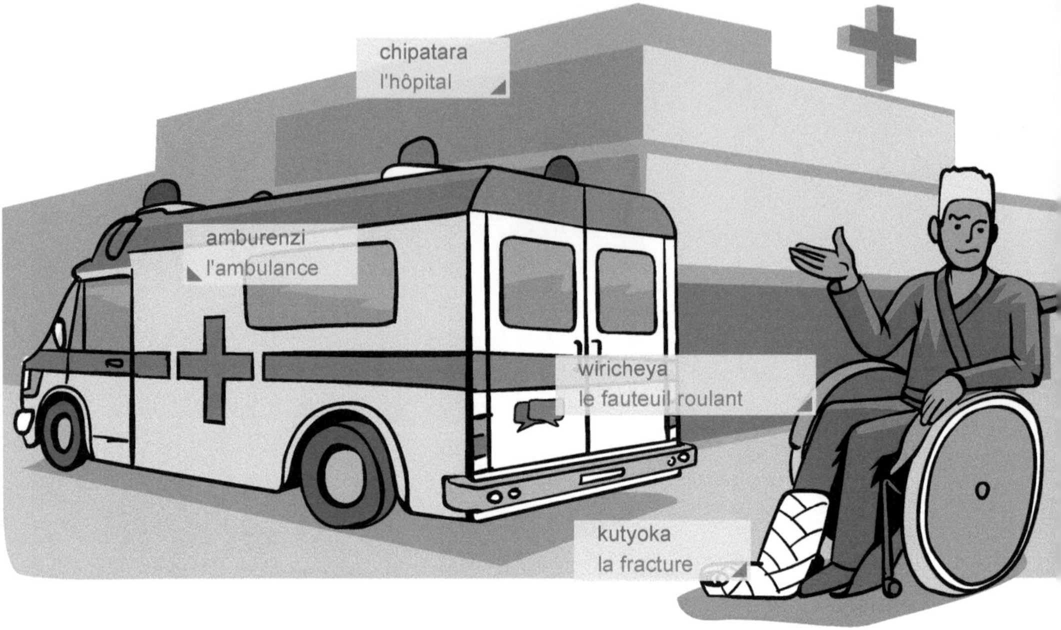

chipatara
l'hôpital
amburenzi
l'ambulance
wiricheya
le fauteuil roulant
kutyoka
la fracture

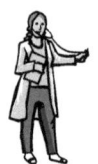

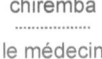

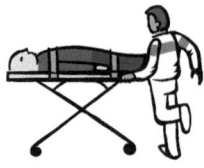

chiremba

le médecin

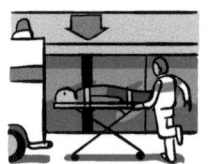

imba yerubatsiro

le service des urgences

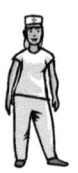

nesi

l'infirmière

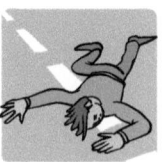

zvekukurumidza

l'urgence

kufenda

inconscient

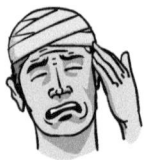

rwadza

la douleur

kukuvara

la blessure

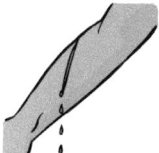

kubuda ropa

l'hémorragie

kuerekana mwoyo usisashandi

la crise cardiaque

kuoma rutivi

l'attaque cérébrale

zvinorwarisa

l'allergie

chikosoro

la toux

fivha

la fièvre

furuu

la grippe

manyoka

la diarrhée

kutemwa nemusoro

le mal de tête

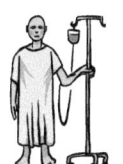

mhuka

le cancer

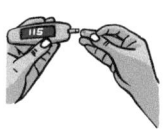

chirwere cheshuga

le diabète

muvhiyi

le chirurgien

kabanga keoparesheni

le scalpel

oparesheni

l'opération

CT
le CT

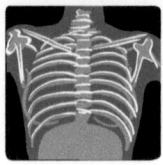

x-ray
la radiographie

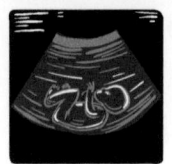

ultrasound
l'échographie

chekuvharisa mhino
nemuromo
le masque

chirwere
la maladie

mekumirira kurapiwa
la salle d'attente

chidhondoro
la béquille

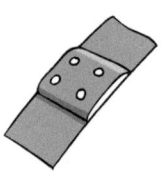

purasita
le pansement

bhandiji
le pansement

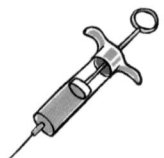

jekiseni
l'injection

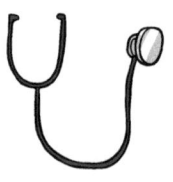

chekuteerera nacho mukati
le stéthoscope

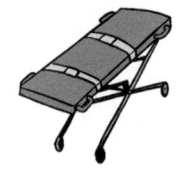

kamubhedha kemurwere
le brancard

chekutoresa nacho
tembiricha
le thermomètre

kuzvara
l'accouchement

kufuta
la surcharge pondérale

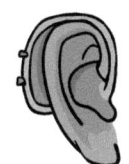

chekubatsira kunzwa

l'appareil auditif

mushonga unouraya
utachiona

le désinfectant

utachiona

l'infection

vhairasi

le virus

HIV / AIDS

le VIH / le sida

mushonga

le médicament

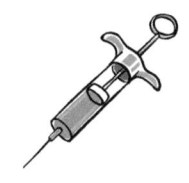

kudzivirira zvirwere

la vaccination

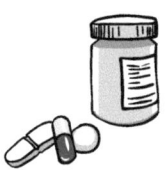

mapiritsi

les comprimés

piritsi

la pilule

kufonera rubatsiro ipapo
ipapo

l'appel d'urgence

muchina wekuyeresa BP

le tensiomètre

kurwara / kugwinya

malade / sain

Maiwe!

Au secours !

kurwisa

l'assaut

kurwisa

l'attaque

ngozi

le danger

pekupuda napo zvechimbi-
chimbi

la sortie de secours

Moto!

Au feu!

chekudzimisa moto

l'extincteur

tsaona

l'accident

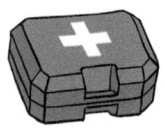

zvinhu zvefirst aid

la trousse de premier
secours

SOS

SOS

mapurisa

la police

Europe

l'Europe

Kuchamhembe kweAmerica

l'Amérique du Nord

Kumaodzanyemba
kweAmerica
l'Amérique du Sud

Africa

l'Afrique

Asia

l'Asie

Australia

l'Australie

Atlantic

l'Océan atlantique

Pacific

l'Océan pacifique

Nyanza yeIndia

l'Océan indien

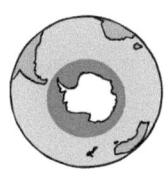

Nyanza yeAntarctic

l'Océan antarctique

Nyanza yeArctic

l'Océan arctique

Kuchamhembe

le Pôle nord

Kumaodzanyemba

le Pôle sud

Antarctica

l'Antarctique

Nyika

la terre

nyika

le pays

gungwa

la mer

chitsuwa

l'île

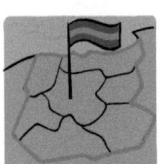

nyika

la nation

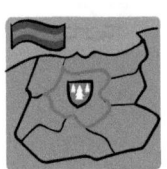

nyika

l'état

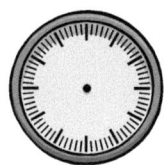

wachi

le cadran

chinongedza awa

l'aiguille des heures

chinongedza miniti

l'aiguille des minutes

chinongedza masekondi

l'aiguille des secondes

Inguvai?

Quelle heure est-il ?

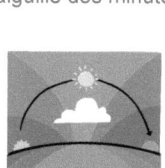

zuva

le jour

nguva

le temps

izvozvi

maintenant

wachi yemanhamba

la montre digitale

miniti

la minute

awa

l'heure

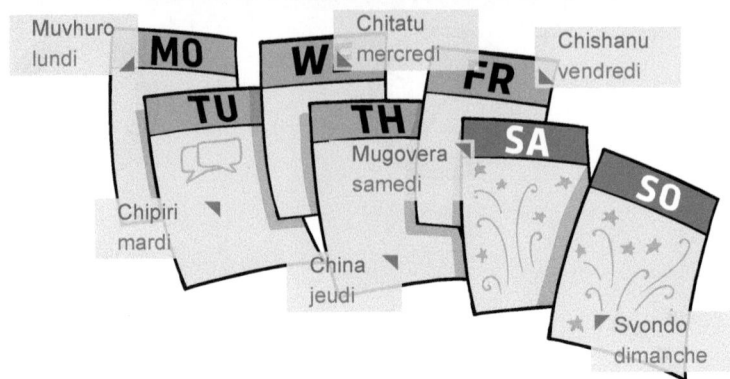

Muvhuro / lundi — MO
Chitatu / mercredi — W
Chishanu / vendredi — FR
TU
TH
SA
Chipiri / mardi
Mugovera / samedi
China / jeudi
SO
Svondo / dimanche

nezuro

hier

nhasi

aujourd'hui

mangwana

demain

mangwanani

le matin

masikati

le midi

manheru

le soir

MO	TU	WE	TH	FR	SA	SU
1	2	3	4	5	6	7
8	9	10	11	12	13	14
15	16	17	18	19	20	21
22	23	24	25	26	27	28
29	30	31	1	2	3	4

mazuva ebasa

les jours ouvrables

MO	TU	WE	TH	FR	SA	SU
1	2	3	4	5	6	7
8	9	10	11	12	13	14
15	16	17	18	19	20	21
22	23	24	25	26	27	28
29	30	31	1	2	3	4

kupera kwevhiki

le week-end

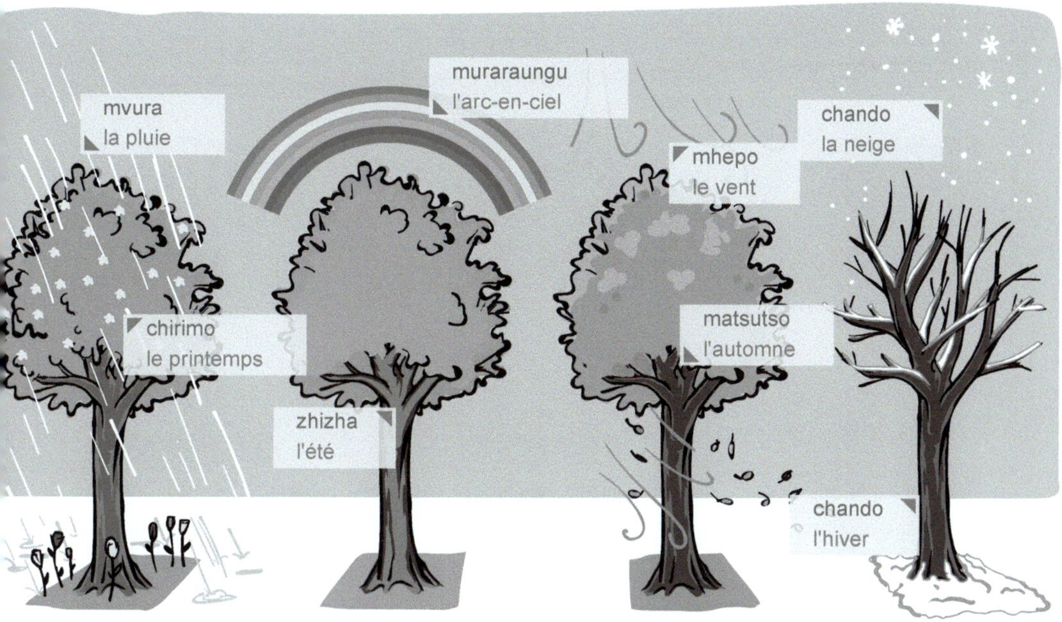

mvura
la pluie
muraraungu
l'arc-en-ciel
chando
la neige
mhepo
le vent
chirimo
le printemps
matsutso
l'automne
zhizha
l'été
chando
l'hiver

4.APRIL 11°
5.APRIL 4°
6.APRIL 13°
7.APRIL 8°
8.APRIL 10°

mamiriro ekunze anofungidzirwa

la météo

F C
120 90 60 30 0 -30
40 30 20 10 0 -10 -20

chekutoresa tembiricha

le thermomètre

zuva

la lumière du soleil

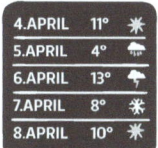

makore

le nuage

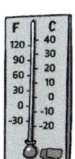

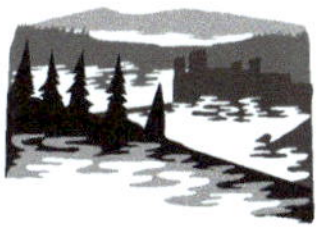

mhute

le brouillard

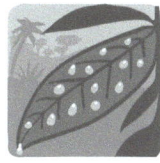

hunyoro

l'humidité

mheni

la foudre

kutinhira

la tonnerre

dutu

la tempête

chivhuramabwe

la grêle

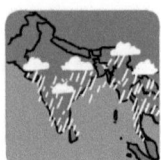

mhepo ine mvura

la mousson

mafashamo

l'inondation

mazaya echando

la glace

Ndira

janvier

Kukadzi

février

Kurume

mars

Kubvumbi

avril

Chivabvu

mai

Chikumi

juin

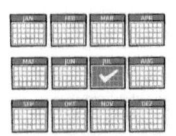

Chikunguru

juillet

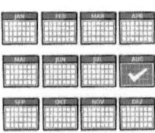

Nyamavhuvhu

août

Gunyana
....
septembre

Gumiguru
....
octobre

Mbudzi
....
novembre

Zvita
....
décembre

denderedzwa
....
le cercle

sikweya
....
le carré

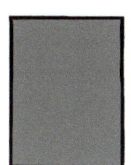

rectangle
....
le rectangle

triangle
....
le triangle

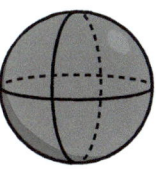

bhora
....
la sphère

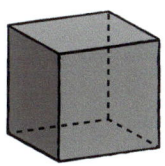

bhokisi
....
le cube

chena

blanc

yero

jaune

orenji

orange

pingi

rose

tsvuku

rouge

pepuru

violet

bhuruu

bleu

girini

vert

kaki

marron

gireyi

gris

nhema

noir

zvakawanda / zvishoma

beaucoup / peu

hasha / dzikama

fâché / calme

naka / shata

joli / laid

kutanga / kuguma

le début / la fin

hombe / diki

grand / petit

jeka / rima

clair / obscure

hanzvadzikomana /
hanzvadzisikana

frère / soeur

chena / sviba

propre / sale

kwana / kusakwana

complet / incomplet

masikati / usiku

le jour / la nuit

yakafa / mhenyu

mort / vivant

pamhamha / tetepa

large / étroit

unodyiwa / haudyiwi

comestible / incomestible

utsinye / mutsa

méchant / gentil

kunakidzwa / kufinhwa

excité / ennuyé

kobvuka / tetepa

gros / mince

kutanga / kupedzisira

le premier / le dernier

shamwari / muvengi

l'ami / l'ennemi

rakazara / hairina kuzara

plein / vide

oma / pfava

dur / souple

rema / reruka

lourd / léger

nzara / nyota

faim / soif

kurwara / kugwinya

malade / sain

zvisiri pamutemo / zviri
pamutemo

illégal / légal

kungwara / kupusa

intelligent / stupide

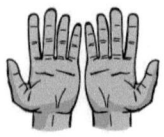

ruboshwe / rudyi

gauche / droite

pedyo / kure

proche / loin

matsva / matsaru

nouveau / usé

hapana / chiripo

rien / quelque chose

kuru / duku

vieux / jeune

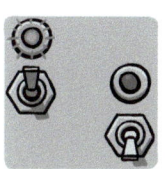

batidza/dzima

marche / arrêt

vhurika / vharika

ouvert / fermé

nyarara / ruzha

faible / fort

mupfumi / murombo

riche / pauvre

chakanaka / chakaipa

correct / incorrect

kukasharara /
kutsvedzerera

rugueux / lisse

kusuwa / kufara

triste / heureux

pfupi / refu

court / long

nonoka / kurumidza

lent / rapide

nyoro / oma

mouillé / sec

dziya / tonhora

chaud / froid

hondo / rugare

la guerre / la paix

les nombres

0

zero

zéro

1

potsi

un / une

2

piri

deux

3

tatu

trois

4

ina

quatre

5

shanu

cinq

6

nhanhatu

six

7

nomwe

sept

8

sere

huit

9

pfumbamwe

neuf

10

gumi

dix

11

gumi neimwe

onze

12

gumi nembiri

douze

13

gumi netatu

treize

14

gumi neina

quatorze

15

gumi neshanu

quinze

16

gumi nenhanhatu

seize

17

gumi nenomwe

dix-sept

18

gumi nesere

dix-huit

19

gumi nepfumbamwe

dix-neuf

20

makumi maviri

vingt

100

zana

cent

1.000

chiuru

mille

1.000.000

miriyoni

le million

Chirungu

l'anglais

Chirungu chekuAmerica

l'anglais américain

Mandarin yekuChina

le chinois mandarin

ChiHindi

le hindi

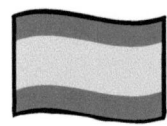

ChiSpanish

l'espagnol

ChiFrench

le français

ChiArabic

l'arabe

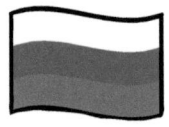

ChiRussian

le russe

ChiPortuguese

le portugais

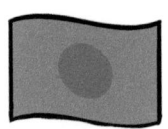

ChiBengali

le bengali

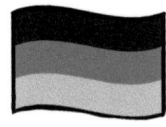

ChiGerman

l'allemand

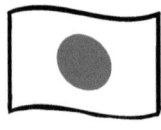

ChiJapanese

le japonais

ini

je

iwe / imi

tu

iye

il / elle / ce, c', cela

isu

nous

imi

vous

ivo

ils / elles

ani?

Qui ?

chii?

Quoi ?

sei?

Comment ?

kupi?

Où ?

riini?

Quand ?

zita

le nom

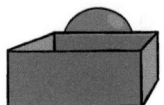

seri

derrière

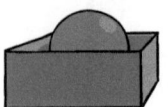

mukati

dans

pamberi

devant

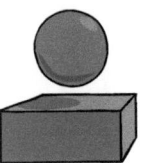

nepamusoro

au-dessus

pamusoro

sur

pasi

en-dessous

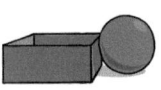

divi

à côté de

pakati

entre

nzvimbo

le lieu